성경의 핵심을 파악하라

선택과 계약을 중심점으로 한
통전적 성경 연구

이기승 지음

신교횃불

목차

서론

하나님의 계시의 말씀인 성경의 저자는 궁극적으로 성령 하나님이시다.

계시의 말씀을 주신 역사적 정황(Sitz im Leben), 성경의 저자, 그리고 수신자가 처한 역사적 정황을 무시할 수 없고 무시해서도 안 되지만, 성경을 연구하거나 읽을 때 성경의 저자이신 성령 하나님의 인도와 조명(illumination)을 반드시 구해야 함을 잊어서는 안 된다.

성경을 어떻게 읽을 것인가?

첫째, 성경을 나의 관점(My perspective)**으로 읽는 것, 나의 개인적 욕구와 필요를 가지고 혹은 그것들을 중심으로 성경에서 무엇을 끌어오는 것이 아니라, 성경 자체의 관점**

(The perspective of the Bible itself)**으로 보아야 한다.**

성경 자체의 관점으로 읽는다는 것은 성경에서 하나님께서 무엇을 말씀하시는지(계시의 말씀)를 듣고 거기에 믿음과 순종으로 반응(실천)하는 것이다. 나의 관점으로 읽으면 성경의 본뜻을 왜곡하고, 오용하고, 심지어는 하나님을 이용하는 치명적인 결과를 초래할 수 있다.

둘째, 성경은 먼저 망원경식으로, 다르게 표현하자면, 통으로 보아야 한다. 나무에 비유한다면, 세미한 가지들 하나하나를 먼저 보기 전에 나무, 흙과 토양(성경이 기록된 context, 기록자와 수신자 등 배경)**, 그리고 나무 기둥, 뻗친 가지들 그리고 숲 전체를 하나로 보는 관점**(perspective)**이 필요하다.**

그런 다음 가지 하나하나, 즉 책별로, 장별로, 절별로 보는 현미경식 연구가 요청된다. 그리고 성경해석 원리는 **'역사적 해석'**(historical interpretation), **'신학적 해석'**(theological interpretation), **'문법적 해석'**(grammatical interpretation)과 같은 해석적인 범주가 필요하다. 이 세 가지 해석적인 범주를 무시하거나 도외시한 영적 해석(spiritual interpretation) 역시 성경 원래의 뜻을 왜곡시킬 뿐 아니라, 독단에 빠지거나 이단으로 흘러갈 수 있다.

나는 개인적으로 성경을 읽고 연구할 때 먼저 성령의 감동과 인도하심을 구하면서 **'렉시오 디비나'**(Lectio Divina: 거룩한 책/성경 읽기), **'묵상'**(meditatio), **'오라시오'**(Oratio: 말씀으로 기도하기, 즉 말씀을 하나님께 되돌려 드리는 것), 그리고 **'관상'**(contempratio)의 과정을 거친다. 처음에는 힘이 들겠지만, 오랜 시간 훈련함으로써 얻는 영적 유익은 크다.

본론: 성경의 구성 혹은 패러다임(Paradigm)

성경은 **창조**(creation)-**타락**(corruption)-**회복**(Restoration)과 **구속**(redemption)**의 패러다임**(paradigm)으로 구성되어 있다. 그리고 모든 기독교 신학 활동도 이 패러다임을 따르고 있다고 말할 수 있다.

성경의 역사(인류의 역사는 그 안에 포함)는 하나님의 구원의 역사 혹은 **'구속사'**(Heilsgeshihite)다. 그리고 하나님의 구속사를 통전적으로(diachronic) 보는 데 있어서 중심점(center)은 **'선택과 계약'**(Election and Covenant)이다. 구약 이스라엘 백성과 신약의 새 계약 백성과 관련된 하나님의 구원의 역사는 하나님의 은혜로운 선택과 **계약**(covenant, 베리트 בְּרִית)을 중심으로 진행된다. 신구약 성경 전체에 걸쳐 하나님과 하나님 백성의 관계는 선택과 계약을 중심으로 하여 정립된다. 달리 표현하면, 선택과 계약은 **'관계의 기반'**(matrix)이다. 그리고 죽음과 화(저주)와 생명과 복은 그 관계의 부정적인 결과와 긍정적인 결과다.

그러면 창조시대부터 시작하여 하나님의 구속사에 드러난 계시를 살펴보도록 하자.

제1장
창조언약과 최초의 복음(구원의 표징)

창세기에는 하나님께서 아담에게 언약의 말씀을 주셨다거나, 언약을 체결했다는 직접적인 기사는 존재하지 않는다. 그러나 성경 다른 곳에서는 하나님과 아담 사이에 언약이 체결되었음을 언급하는 구절들이 있다.

> 호 6:7, "그들은 아담처럼 언약을 어기고 거기에서 나를 반역하였느니라"
> 렘 33:20, "여호와께서 이와 같이 말씀하시니라 너희가 능히 낮에 대한 나의 언약과 밤에 대한 나의 언약을 깨뜨려…"
> 렘 33:25, "내가 주야와 맺은 언약이 없다든지 천지의 법칙을 내가 정하지 아니하였다면…"

위의 말씀을 근거로 하면, 하나님은 세계를 창조하실 때,

아담과 계약을 세우셨다. 내용상으로는 **'창조보존에 대한 계약'**이다. 한편, 우리가 먼저 꼭 알아야 할 사실은 이 창조보존에 대한 언약에 앞서 하나님은 **'관계의 계약'**을 세우셨다는 것이다. 관계 언약이라 함은, 선악과를 따먹지 말라는 것인데, 이는 창조주 하나님에 대해 피조물의 지위를 잘 지키라는 것이다. 피조물은 창조주의 지위를 넘보아서는 결코 안 된다. 창조주 하나님을 예배하고 섬기고 순종하는 것이 피조물이 지켜야 할 온당한 지위다.

하나님은 아담에게 **하나님과의 관계**를 지킬 것과 하나님의 **창조세계를 보살필 특권과 책임**(문화명령 cultural mandate, 창 1:27)을 주셨다. 그러나 아담은 하나님과의 언약을 깨뜨렸다. 그것이 곧 타락이며 이는 피조물인 인간이 맞는 **'제1위기'**(First Crisis)였다.

그러나 하나님은 결코 실패하지 않으신다. 인간의 실패와 위기 후 곧 하나님은 창조를 회복시킬 계획을 세우셨다. 은혜로우시고 자비로우신 하나님은 **'최초의 복음'**(Proto evangel) 혹은 **'구원의 표징'**(Heisschilderung, 창 3:15)을 주셨다**(제1의 축복)**. 구원은 전적으로 하나님 은혜의 역사임이 증명되었다(참조: 딛 2:11이하, "구원을 주시는 하나님의 은혜가 나타나…")

> 창 3:15, "내가 너로 여자와 원수가 되게 하고 네 후손도 여자의 후손과 원수가 되게 하리니, 여자의 후손은 네 머리를 상하게 할 것이요 너는 그의 발꿈치를 상하게 할 것이니라"

성경의 역사 혹은 하나님의 구속사는 창세기 3장 15절에서 약속하신 **'여자의 후손'**, 곧 메시야이신 예수 그리스도를 **'기다리는 역사'** 혹은 그분이 오심이 **'성취된 역사'**라고 할 수 있다. 구원, 창조의 회복은 오로지 여자의 후손 예수 그리스도로 말미암는다.

에덴을 하나님 나라(Kingdom of God)의 모형으로 보는 해석이 있다. 그도 그럴 것이 에덴은 하나님의 통치(Reign of God)를 받는 곳이니까 그렇다. 그렇다면 창조의 회복은 하나님 나라 회복일 것이다.[1)]

---

1) **인간의 타락 기사 조명: 에덴의 실패(사탄의 유혹과 범죄)**
1단계: 제한의 극대화(maximizing the restriction). 하나님께서는 동산 각종 나무의 열매는 네가 자유로이 먹을 수 있다(*you are free to eat from any tree in the garden*)고 말씀하셨다(창 2:16). 그리고 단 하나의 나무 즉 "선악을 알게 하는 나무의 열매"는 먹지 말라"(2:17)고 제한하셨다. 그런데 사탄은 ***행복을 위해 주신 모든 것들을 제한***함으로써 하나님께서 금하신 ***한 가지 초점을 흐***

리게 만들었다: *"참으로 너희에게 동산 모든 나무의 열매를 먹지 말라 하시더냐?"* 사탄이 "참으로"라는 말을 하나님께 대해 사용함으로써 **하나님의 인격과 말씀의 신실성에 대해 의심을 품게 만들었다**. "모든 나무"란 말을 사탄이 사용하여 하나님의 제한을 극대화함으로써 혼동을 일으켰다.

2단계: 결과의 최소화(minimizing the consequences). 사탄은 관심을 나무에 집중시킴으로써 결과를 망각하게 했다: 요일 2:16, "먹음직도 하고"(육신의 정욕) "보암직도 하고"(안목의 정욕) "탐스럽기도 한지라"(이생의 자랑). 나무(선악과)를 먹는 행동에 뒤따르는 ***참담한 결과("반드시 죽으리라")보다는 나무에 관심을 집중***시키게 만들었다.

3단계: 행동의 그릇된 정의(mislabeling the action). 사탄은 하나님과 하나님의 말씀에 대해 의심을 심어주었다: ***"하나님처럼 되리라"***(5절). 그래서 *금지된 행동을 필요한 행동으로 보게 만들었다*.

4단계: 선과 악의 혼합(mixing good and evil). "그것을 먹는 날에는 너희 눈이 밝아져 … *선악을 알 줄* 하나님이 아심이니라"(5절). 하나님은 선도 아시고 악도 아시는 하나님, 곧 선악의 하나님? ***선과 악의 공존을 시사***하고 있다. 죄를 짓는 것은 하나님의 악에 보탬이 된다?

5단계: 죄와 아름다움의 혼합(mixing sin with beauty). 유혹은 아름다움의 형태로 나타난다. 우리의 감각과 바라는 것들에 매료되는 어떤 포장으로 나타난다: "보기에 … 좋았다"

6단계: 암시의 오해(misunderstanding the implication). 사탄을 진실을 말하는 자로, 하나님을 거짓말하는 자로 받아들인다. 하나님보다 사탄이 아담과 하와의 행복에 더 관심이 많은 자로 시사한다. 문제를 일으키게 된 이유: ***"만지지도 말라"***는 말을 하나님 말씀에 ***추가***하였다. 또 ***"죽을까 하노라"***고 하여 하나님의 말씀을 ***변경***하였다.

제2장

노아언약(계약)과 하나님의 임재(divine presence)

만물보다 거짓되고 심히 부패한 것은 인간의 마음이다(렘 17:9). 타락하여 부패한 인간은 지속적으로 부패와 타락의 길을 걸었다**(제2의 위기)**. 창세기 6장 1절 이하의 말씀을 보면, 에덴에서 추방당한 아담과 하와의 후손들은 오로지 육체의 관능과 쾌락만을 좇는 비이성적인 존재로 전락했다. 인간이 발붙여 사는 땅은 죄악으로 가득 찼고, 인간의 사고(思考)는 더럽고 추악했다. 그래서 이를 한탄하시던 하나님은 물로 세상을 심판하시기에 이르신다. 그러나 당대에 경건하며 하나님과 동행한 노아와 그의 가족은 구원의 은총을 입는다. 그리고 홍수 후에 하나님 노아와 계약을 체결하신다.

창 9:1, "…생육하고 번성하여 땅에 충만하라"

창 9:7, "너희는 생육하고 번성하며 땅에 가득하여 그 중에서 번성하라"

하나님의 뜻은 인간이 땅에 번성하여 충만한 것이었다. 그래서 하나님은 노아에게 다시 창세기 1장 27절에서 하신 문화명령(cultural mandate)를 부여하신 것이다. 한편 하나님은 노아와 **'보존의 계약'**(covenant, 베리트 ברית)을 세우신다.

창 9:9-10, "내가 내 언약(계약)을 너희와 너희 후손과 너희와 함께한 모든 생물, 곧 너희와 함께한 새와 가축과 땅의 모든 생물에게 세우리니…"

창 9:11, "내가 너희와 언약을 세우리니…"

창 9:11-13, "다시는 모든 생물을 홍수로 멸하지 아니할 것이라 … 언약의 증거는 이것이니라. 내가 내 무지개를 구름 속에 두었나니 이것이 나와 세상 사이의 언약의 증거니라"

자비롭고 은혜로우신 하나님은 홍수 후에 노아와 모든 피조물과 보존의 계약을 체결하신다. [여기서 사용된 계약(covenant "베리트" ברית)에 대해서는 아브라함 언약과 계약 체결시에 살펴보도록 하겠다.] 중요한 사실은 하나님께서 홍수에서 구원받은 노아와 그의 가족과 피조물을 보존하신다는 계약을 체결하신 것이다.

노아와 맺은 **보존계약**에 이어 간과할 수 없는 중요한 **약속**(promise)은 하나님이 **'셈의 장막에 거하신다'**는 것이다. 곧 셈의 후손을 통해 약속하신 여자의 후손을 보내시겠다는 것이다.

창 9:27, "하나님이 … 셈의 장막에 거하게 하시고"

항상 은혜로 구원의 선취 행동(initiative of salvation)을 하시는 하나님의 이 약속-셈의 장막에 거하심-은 인간의 제1위기 후에 주신 제1의 축복("여자의 후손")과 더불어 **하나님의 제2의 축복**이다.[1)]

1) 하나님 임재 신학에 관한 간략한 조명
거하시고(Sakan)의 명사형은 **'세키나'** Sekinah이다. 여기서부터 **하나님의 영광의 임재**(Glorious Divine Presence of God) 신학이 요한계시록까지 계속된다. 광야의 구름기둥과 불기둥, 광야의 성막, 솔로몬의 성전에 임재하신 하나님의 영광, 성전파괴 후 바벨론 포로기의 회당에 임재하신 하나님의 영광("두세 사람이 모인 곳에 내가 함께 있느니라"), 교회에 영광으로 임재하시는 하나님, 하나님의 전인 성도의 몸, 그리고 최후의 새 예루살렘, 곧 하나님의 장막(계 21:3)이다.

*제3의 위기(Third Crisis):

노아는 그의 믿음과 경건(의)으로 자신과 가족을 홍수 심판으로부터 건져내었다. 그렇게 된 것은 순전히 하나님의 은혜였다. 노아는 그 가족을 포함하여 "남은 자"(The Remnant)가 되었다(남은 자에 대해서는 이후에 다룰 것이다). **창세기 3장 15절의 하나님의 약속**(최초의 복음, 구원의 표징) **성취는 전 구속사**(救贖史)**에 걸쳐 남은 자를 통하여 실현된다.**

하나님의 뜻은 땅에 퍼져 번성하는 것이었지만(두 가지 문화명령), 노아의 후손은 "흩어짐을 면하자", "우리의 이름을 내자" 하고 하나님께 반항했다. 이 사건은 제3의 위기이다. 이에 대한 하나님의 심판과 대책(God's plan)은 **아브라함을 선택**(Election)하셔서 그를 통해 후손을 번성케 하시고 열방을 축복하시는 것이었다. 아브라함 선택은 인간의 실패에 대한 하나님의 **제3축복**이다(아브라함 시대부터 선택과 계약은 더욱 부각된다).

제3장

아브라함을 선택하시고 계약을 체결하신 하나님 - 은혜계약(Abrahamic Covenant)

"너는 너의 고향과 친척과 아버지의 집을 떠나 내가 네게 보여줄 땅으로 가라 내가 너로 큰 민족을 이루고 네게 복을 주어 네 이름을 창대하게 하리니 너는 복이 될지라"(창 12:1-2)

셈의 장막에 거하시기로 약속하신 하나님(창 9:27), 셈을 통해 구원자인 "여자의 후손"(창 3:15)을 보내기로 약속하신 하나님은 셈의 후예 가운데 아브라함을 하나님과 세상 사이의 **'제사장적 중개자'**로 **선택**(election)하여 부르신다. 또한 하나님은 축복을 세상에 전달하는 **축복의 매개체**와 **축복의 근원**으로 칭송받게 하신다.

창 12:2, "너는 복[의 근원]이 될지라"

하나님께서는 아브라함을 불러 약속을 주시면서 **"가라"** 고 명하신다. 이 명령은 **믿음으로 언약의 선물을 받기 위한 초대**다. 족장 이야기에서는 **"축복하다"**(to bless)는 말이 82회 등장하는데, 그 뜻은 '번성하다' '성공을 가지고 오다' 이다(24:21, 40, 42, 56).

이 말씀은 **"축복 안에서 기쁨을 발견하는 자는 축복의 강물을 흘러낸다"**는 뜻을 함축하고 있다. 아브라함은 하나님으로부터 받는 축복을 세상에 흘려보내는 근원이 되었다. 신약 교회와 성도 역시 하나님과 세상을 화목하게 하고 하나님의 축복을 세상에 전달하는 매개체와 제사장으로 부름을 받았다.

> 벧전 2:9, "그러나 너희는 택하신 족속이요 왕 같은 제사장들이요 거룩한 나라요 그의 소유가 된 백성이니 이는 너희를 어두운 데서 불러내어 그의 기이한 빛에 들어가게 하신 이의 아름다운 덕을 선포하게 하려 하심이라"

아브라함은 "보여줄 땅"으로 부르심을 받는다. 자신의 존재와 미래를 믿음으로 하나님의 손에 올려놓는다. "보여준 땅"이 아니라 **"보여줄 땅"**은 정착지가 없다는 뜻이며, **신앙**

이란 그때그때의 새로운 과제에 직면하여 씨름하면서 하나님께 복종하여 은혜로 살아감을 의미한다.

> 히 11:8-10, "믿음으로 아브라함은 부르심을 받았을 때에 순종하여 장래의 유업으로 받을 땅에 나아갈새 갈 바를 알지 못하고 나아갔으며 믿음으로 그가 이방의 땅에 있는 것 같이 약속의 땅에 거류하여 동일한 약속을 유업으로 함께 받은 이삭 및 야곱과 더불어 장막에 거하였으니 이는 그가 하나님이 계획하시고 지으실 터가 있는 성을 바랐음이라"

아브라함은 오로지 **믿음으로 순종하여 살았고**, 하나님의 은혜만을 의지하고 사는 **순례자의 삶**을 살았다.

믿음의 조상 아브라함은 **불확실한 삶의 궤도에 자신을 올려놓았다**. 자신의 존재 속에 있는 모든 관계의 줄을 끊고, 비단 인간적으로는 불확실한 삶이지만 오로지 하나님만을 신뢰하고 하나님의 은총만을 의지하는 삶을 선택했다. 아브라함의 생애는 **크리스천의 정체성**을 대변한다.[1)]

1) (1) 떠나는 일은 쉬운 일이 아니다.
폴 투르니에(Paul Tournier)는 《인간 장소의 심리학》(*A Place for you*)에서 존재의 뿌리를 떠나서 불확실성의 궤도에서 믿음으로 살아가는 일이 얼마나 어려운 일인가를 말한다: "장소란 한 사람을 보여주는 일종의 거울이며, 장소는 각 개인에게 상징적인 의미를 가지고 있다. 그리고 인간의 모든 삶은 장소의 신화 속에 표현되어 있다. 삶의 변화의 기회가 한 곳에서 다른 곳으로 옮겨진 사람들은 모두 뿌리가 없는 사람들이다. … 떠난다는 것은 얼마쯤 죽는 것을 말한다. (중략) 광야는 상실이요 빈곤으로 인간에게는 물질적이든 정신적이든 하나님 이외에는 의지할 데가 전혀 없는 곳이다. 광야란 하나님께서 결정적인 순간에 우리를 부르셔서 **신앙으로 가득 찬 묵상**을 발견하도록 하는 곳이며, 그래서 우리는 그분의 영감을 재발견할 수 있는 것이다."

(2) 아브라함의 예배와 엑소더스(Exodus)

아브라함은 가는 곳마다 제단을 쌓고 여호와 하나님께 예배를 드렸다("여호와의 이름을 불렀다" 창 12:7, 8, 13:4, 18). 그런데 약속의 땅에 기근이 찾아오자 점점 남방(네게브)으로 옮기다가 결국 애굽에 들어갔다(남쪽 **애굽**은 하나님의 백성이 **물질적으로 의존**하는 것, 북방 앗수르에 대한 **정치적 의존은 종교적 동화**를 의미한다). 애굽에서 아브라함이 예배한 흔적을 우리는 발견하지 못한다. 그만큼 **애굽은 종교혼합주의, 물질주의, 세속주의를 대표**한다. 그리스도인은 그것들 안에서 온전히 하나님을 예배할 수 없다.

아브라함이 애굽에서 나올 때 하갈을 데려옴으로써 가정 갈등의 불씨가 되었고, 애굽을 경험한 롯은 삼촌과 갈등할 때(창 13:10이하) **애굽의 관점**에서 요단 동편(소돔과 고모라)을 선택함으로써 신앙의 위기를 맞았다. 롯은 애굽에서 나왔지만(exodus), 애굽은 롯에게서 나오지 않았다.

(3) 아브라함의 십일조 신앙

북방 왕의 군사들을 격파하고 조카 롯을 구해 돌아오던 중 아브라함은 살렘왕 멜기세덱에게 십일조를 드린다(창 14:20, 참조: 28:20-22, 느 13:4, 10, 암 4:4, 말 3:8-10). 이는 **하나님의 주권에 대한 믿음**이자 **오직 하나님의 은혜를 의지하고 사는 믿음생활의 표상**이며, **탐욕 중심의 경제생활에 대한 거부 내지는 시정**의 의미가 있으며, **사탄과 싸우는 영적 전쟁에서 승리**하는 것이다.

(4) 의(義)를 행하고 공도(公道)를 행해야 할 아브라함과 그의 후손들(창 18:19)

신앙은 수직적으로 하나님과의 관계와 수평적으로 이웃과의 관계 양자를 내포한다. 하나님께서 아브라함을 선택하신 것은 아브라함에게 복을 주시고 복의 근원되게 하실 뿐만 아니라, 아브라함과 그의 후손이 땅에서 살면서 사람들에게 의를 행하게 하기 위함이었다. 믿음이 산 믿음인지 죽은 믿음인지는

땅, 번영' 이 세 가지를 함축한다. 그리고 이 약속은 계약으로 이행된다. 그런 면에서 **약속과 계약은 하나**다.

하나님은 아브라함을 장막에서 불러내셨다. 그리고 밤하늘을 보여주시면서(환상 속에서) 그의 후손을 뭇별처럼 창대하게 해 주시겠다고 약속하셨다. 이에 대해 아브라함은 **"아멘"**(Amen)[2] 으로 응답했다(창 15:6, "믿으니"라고 번역되어 있다: 히

행위(열매)를 통해 드러난다. 중요한 것은 하나님과의 수직적인 관계는 이웃과의 관계 위에 세워진다는 사실이다. 그래서 예수님은 "예물을 드리기 전에 먼저 이웃과 사화한 다음 드리라"(마 5:25)고 말씀하신 것이다. 이웃과 사화하지 않은 상태에서 드리는 예물은 하나님이 받으시지도 않지만, 그것은 하나님을 모독하는 행위인 것이다.

같은 맥락에서 "고르반" 딱지를 붙여놓고 부모를 공경하지 않는 자들을 향하여 주님은 "눈에 보이는 부모를 공경하지 못하는 자가 눈에 보이지도 않는 하나님을 공경할 수 없다"고 잘라 말씀하신 것이다.

2) 아멘과 칭의(稱義 justification)에 대해 숙고

아브라함의 믿음(아멘)으로 말미암은 칭의는 예수 그리스도를 믿는 우리가 받는 칭의의 예표이다. 그런데 마태와 야고보는 아브라함이 믿음으로만 아니라 행함으로 의롭다함을 받았음을 말하면서 **순종의 행함**이 없는 믿음은 죽은 믿음이라고 말한다(약 2:20-26). 마태와 야고보를 반 바울(Anti-Paul)이라 하지 않고 반바울주의(Anti-Paulism)라고 한다.

약 2:21, "우리 조상 아브라함이 그 아들 이삭을 제단에 바칠 때에 행함으로 의롭다 하심을 받은 것이 아니냐?"

마 5:20, "너희 의가 서기관과 바리새인보다 더 낫지 못하면 결코 천국에 들어가지 못하리라"

마틴 루터의 두 가지 의(義)

브리 동사 **"아만 'Aman"은 믿음의 기원과 대상은 인격적인 야훼이시며, 언약을 견고히 하려는 인간적 노력을 포기하고 전적으로 하나님의 인격을 의존함**을 뜻한다). 그리고 하나님은 아브라함의 믿음(아멘)을 의(義)로 여기셨다(창 15:8, 롬 4:3). 아브라함은 하나님의 약속을 성취하고자 하는 자신의 모든 노력을 포기해야 했다.

> 롬 4:3, "성경이 무엇을 말하느냐? 아브라함이 하나님을 믿으매 그것이 그에게 의로 여겨진 바 되었느니라"

하나님의 언약의 말씀을 듣고서 아브라함이 "아멘"으로 응답한 이후, 하나님은 **아멘의 하나님**(God of Amen), **진리의 하나님**(엘에메트 אלאמת)으로 불리신다.

> 사 65:16, "이러므로 땅에서 자기를 위하여 복을 구하는 자

종교개혁자 마틴 루터(Martin Luther)는 두 가지 의(two kinds of righteousness)를 말했다. 첫째 의는 "딴 의" 혹은 "밖에서 온 의"(Alien righteousness)로서 이는 예수 그리스도를 믿음으로 얻는 의다. 즉 예수를 믿는 우리에게 하나님이 "은혜"(롬 3:24)로 예수 그리스도의 의를 우리에게 전가시켜주는 것이다. 두 번째 의는 "타당한 의"(Proper righteousness)로서, 이는 첫 번째 의를 기초하여 신자가 하나님과 이웃을 사랑함으로써 얻는 의다. 아빌라의 성 테레사(St. Teresa of Avilla)는 이를 "관상적 사랑 혹은 섬김"이라 했다. 루터는 만일 이 두 번째 의가 없다면 그/그녀는 그리스도인이 아니라고 말했다.

는 진리의 하나님(아멘의 하나님)을 향하여 복을 구할 것이요"(참조: 민 23:19, 사 45:19, 46:11, 시 107:33-35, 신 32:4, 삼상 15:29, 대하 19:7, 롬 3:4, 시 33:4 등)

삼위일체 가운데 한 분이신 성자 예수도 "아멘"이시다.

계 3:14, "아멘이시요 충성되고 참된 증인이시요 하나님의 창조의 근본이신 이가 이르시되"

무엇보다 **'새로운 계약 백성의 대표자'**(representative of new people of God: 참조. 구약 계약백성의 대표자는 야곱)이자 창조자이신 예수는 항상 중요한 진리를 선포하실 때마다 신적 권위(Divine Authority)를 가지고서 **"아멘, 아멘, 내가 너희에게 말한다"**(*truly truly I say to you*: 헬. *Αμεν Αμεν εγω λεω ϋμιν*)라고 말씀하심으로써 자신이 곧 하나님과 한 분이심을 간접적으로 주장하셨다(요 3:3, 5:19, 24. 6:47, 10:7. 간접기독론의 한 요소. 이후 신약성경에서 복음을 다룰 때 충분히 논할 것이다).

이제 아브라함의 **아멘의 믿음**을 의로 여기신 후, 하나님은 아브라함과 **계약을 체결**하신다.

창 15:9-18, "여호와께서 그에게 이르시되 나를 위하여 삼 년 된 암소와 삼 년 된 암염소와 삼 년 된 숫양과 산비둘기와 집비둘기 새끼를 가져올지니라 아브람이 그 모든 것을 가져다가 그 중간을 쪼개고 그 쪼갠 것을 마주 대하여 놓고 … 해가 져서 어두울 때에 연기 나는 화로가 보이며 타는 횃불이 쪼갠 고기 사이로 지나더라 그날에 여호와께서 아브람과 더불어 계약을 세워(כרת ברית, to cut a covenant 계약을 짜르다) 이르시되"

계약 이행을 오늘날처럼 법적으로 확보하기 어려운 고대 근동에서는 계약 당사자 갑과 을 사이에 짐승을 **쪼갠** 다음 계약 당사자들이 쪼갠 고기 사이로 지나가며 **'저주'**(아라르 ארר)를 기원함으로써 계약 이행을 확보했다. 그러므로 **기본적으로 계약이란 말 속에는 저주가 함축**되어 있다(예를 들어, 시내산 계약을 케리그마 선포의 근거로 삼는 예레미야가 계속 '저주'를 선포한다). 그리고 계약체결 이행시는 계약 당사자 사이에 **계약 식사**(covenant meal)가 뒤따랐다(참조: **출 24:11**, "그들은 하나님을 뵙고 먹고 마셨더라"). (계약, 베리트는 **'짜르다'**는 뜻이며, 계약 식사 시에 갑과 을 당사자는 음식을 짤랐다).

쪼갠 고기 사이를 아브람은 지나가지 않고 하나님 홀로

지나가셨다. 이 사실은 **계약 이행을 하나님께서 책임지시겠다는 뜻**이며, 그런 면에서 **아브라함 계약은 은혜계약**이다. 아브라함을 선택하시고 축복하셔서 열방을 축복하시겠다는 하나님의 약속 이행은 오로지 하나님의 **신실하심**(faithfulness of God)에 근거한다.[3)]

3) 믿음의 사람에게도 약점은 있는가?

믿음의 족장 아브라함은 그의 믿음에도 불구하고 **인간의 연약함**(infirmity)으로 말미암아 실패한다. 아마도 계약체결 이후, 자초지종을 들은 아내 사라가 "하나님이 약속하셨으니 후사를 얻기 위해 여종 하갈을 취하라"고 압박(?)했을 것이다. 아니면 아브람 자신도 그렇게 생각했을지도 모른다. 결국 하갈을 취한 이후 하나님과의 교제가 13년간 단절된다.

창 17:1, "아브람이 구십구 세 때에 여호와께서 아브람에게 나타나서 그에게 이르시되, 나는 전능한 하나님(אלשדי, almighty God)이라 너는 내 앞에서 행하여 완전하라"

13년간 아브람은 하나님의 음성을 못 들은 채 **영적 흑암의 밤**을 보내야 했다. 그리고 낳은 이스마엘로 말미암아 가정불화가 일어나고 갈등에 휩싸인다. 그럼에도 불구하고 하나님은 구속의 역사를 완성하기 위해 선택하신 자를 회복시키시고 세워가신다. 그리고 **언약의 표징인 할례를 행하게 하심으로써 언약의 백성으로 살아가게 하신다**(17:10-11).

아브라함의 적극적 환대(hospitality)

아브라함 당시 유목민인 베두인의 전통은 나그네가 지나가다가 텐트 줄만 스쳐도 의무적으로 3일을 묵고 가게 해야 했다. 그러나 아브라함은 멀리서 가는 세 사람의 나그네들에게 달려가 몸을 굽혀 절하며 "나의 주여"(my Lord)라고 부르며 그들을 장막으로 인도하여 정성껏 환대한다(hospitality는 손님을 주인으로 삼는다는 뜻이다). 나중에 안 사실은 한 천사는 하나님이시며(신인동형동성론) 나머지 두 천사는 소돔 고모라 성을 멸하러 가는 천사들이었다. 이 적극적 환대로 아브라함은 그의 조카 롯을 구원하는 은혜를 입게 된다. 그래서 히브리서 기자는 부지중 천사를 접대한 아브라함을 언급하며 히브리공 하나님은 아브라함을 이은 이삭과도 계약을 세우신다(כרת ברית, to cut a covenant 계약을 짜르신다, 창 17:19). 이 계약은 그와 그의 후손에게 영원한 계약(ברית עולם, everlasting covenant)이다. 이제 아브라함과 그의 후손은 하나님이 주신 **계약 안에서 야훼 하나님의 도를 지켜 의와 공도를 행하는 삶**을 살아야 한다(창 18:19). 이 부분을 간과해서는 안 된다. 다시 말해 계약(베리트) 안에 거한다고 해서 하나님의 의와 공도를 행하는 것을 잃어서는 안 된다는 것이다. 혹자는 이를 가리켜 **'쉐마', 곧 구약에서의 하나님의 명령**(God's mandate)으로 주장한다.[4)]

동체에게 **참된 크리스천의 표지**인 적극적 환대를 권면하고 있다(히 13:1-2).

아브라함의 제사

아브라함의 위대함은 이삭의 제사에 있다. 외아들 이삭을 제물로 바치면 그에게 남는 것은 캄캄한 밤하늘밖에 없지만, 그는 **혈육과 의논하지 않고** 하나님의 명령에 순종하여 아들을 드린다. 유대 전승에 의하면, 하나님은 영롱한 빛나는 구름으로 아브라함을 인도하시고, 또 그 구름을 모리아 산에 두셔서 아브라함이 모리아 산을 쉽게 찾을 수 있었다고 말한다. 실제 아들을 죽이지 않았어도 아브라함이 큰 칼(짐승 도살용)을 들었을 때 이미 이삭은 죽은 것이다. 아브라함의 믿음대로 하나님은 이삭을 살려주신(부활) 것이다(아브라함은 하나님이 실제 죽은 아들을 다시 살리실 것을 믿었다, 히 11:19). 등에 나무를 지고 모리아 산을 오른 이삭은 예수님의 예표이며, 모리아 산은 예루살렘 성 밖 예수님이 못 박히신 골고다이다.

4) 이삭: 묵상하는 믿음의 족장: 축복사역(blessing)과 르호봇

이삭은 묵상하는 사람이다(창 24:63). 나이 40세가 되도록 결혼하지 않은 것도 인간적으로 서둘지 않은 그의 신앙의 면모를 보여준다. 결혼은 신앙의 부

친의 지도를 따른다. 또 결혼한 지 20년이 되도록 자식이 없었지만, 그는 하나님을 신뢰하며 인내 속에 기다린다. 그리고 결혼한 지 20년 만에 두 아들 에서와 야곱을 얻는다. 또 그 당시 우물은 중요한 생존 수단이자 재산이었다. 블레셋인들이 와서 줄곧 우물을 빼앗았지만, 이삭은 우물을 주고 다른 곳에 가서 팠다. 에섹(다툼), 싯나(대적함)를 양보한 후 마침내 그는 **르호봇**('큰 방', '넓은 장소')을 얻는다(참조. 시 18:19, 118:5).

축복사역(Blessing Ministry)

성경의 위대한 인물들은 한결같이 축복하는 사람들이었다(이기승 저《축복의 황금율》 선교횃불 참조). **이삭의 축복**(창 27-28장)은 오늘 크리스천 가정과 믿음 공동체에서 행해져야 할 중요한 사역(Ministry)이다. "나를 축복하소서!"(Bless me, 창 27:19, 31, 34)라는 절규에 가까운 호소를 우리 모두는 들을 수 있어야 한다. 축복의 원리는:

(1) 의미 있는 접촉 혹은 스킨쉽(meaningful Touch/ skinship. 27:21, "만지다", 26, 27, "입맞추다")

(2) 말로써 하는 축복의 메시지(spoken Message. 27:27, "내 아들의 향취는 여호와께서 복 주신 밭의 향취로다"

(3) 높은 가치를 부여함(attaching high value. 27:28, "하나님은 하늘의 이슬과 땅의 기름짐이며 풍성한 곡식과 포도주를 네게 주시기를 원하노라")

(4) 특별한 미래를 그려줌(picturing a special future. 27:29, "만민이 너를 섬기고 열국이 네게 굴복하리니, 네가 형제들의 주가 되고…")

많은 학자들은 한 개인의 자아상(Self Image)과 라이프 스타일(Life Style)은 한 가정 안에서 부모로부터 받는 스트로커(Stroak) 혹은 텃취(Touch)에 의해 결정된다고 주장한다.

구약 계약 백성의 대표자(representative of God's covenantal people) 야곱

땅의 문이 닫히면 하늘 문이 열린다. 야곱은 도피 중 벧엘에서 돌베개하고 잠을 잔다. 이때 하늘 문이 열리고 사닥다리를 타고 천사들이 내려온다(성경은 "천사들이 오르락내리락"했다고 표현한다. 논리적으로나 현실적으로는 내리락오르락해야 한다). 천사들이 보니 잠자고 있는 이의 얼굴이 **보좌에 계신 분**

의 얼굴을 닮았다. 놀란 천사들은 하늘로 "올라가" 다른 천사들에게 "얘들아, 우리가 땅에 내려가 보니, 보좌에 계신 분을 닮은 이가 누워 있더라"고 소리쳐 이에 천사들이 "내려왔던" 것이다. 이는 **야곱(이스라엘)은 구약의 하나님의 계약 백성의 대표자**라는 뜻이다. 이와 관련하여 신약의 요한복음 1장 51절에서, 예수는 "진실로 진실로 너희에게 이르노니 하늘이 열리고 하나님의 사자들(천사들)이 인자 위에 오르락내리락하는 것을 보리라"고 말씀하셨다. 이는 **예수는 신약의 하나님의 새로운 계약 백성의 창조자요 대표자**라는 뜻이다. 그래서 그분에게 속한 모든 사람은 하나님의 새로운 계약 백성이 되는 것이다.

영혼의 어둔 밤: 얍복강의 씨름(wrestling of Jacob)

우리가 영적으로 성숙하려면 십자가의 성 요한(St John of the cross)이 말한 바와 같이 "영혼의 어둔 밤"을 통과해야 한다. **야뽀크**('쏟아붓다'라는 뜻)에서 야곱은 옛사람과 자기 안의 어두운 **그림자**(shadow)를 모두 쏟아부었다(창 32:24이하). 야곱은 이제 더 이상 거짓 자기(false self)에 매여 있으면 안 되었다. **참 자기**(true Self)로 **변화**(transformation)되었다. 야뽀크 강의 어둔 밤, 허리뼈가 부러지는 고통, 그래서 이후 절룩거리는 삶의 고통을 통과함으로써 야곱은 더 성화되어 갔다. 빅터 프랭클(Victor Frankl)은 《의미를 찾는 인간》(Will to Meaning)에서 인간은 사랑, 고통, 그리고 책임에서 의미를 찾으며, 어떤 고통의 상황 속에서도 의미를 찾으면 희망을 갖고 살아갈 수 있다고 했다.

야곱의 이주: "벧엘로 올라가라"(창 35:1)

야곱은 벧엘에서 만나주신 하나님께 서원한 대로 이행하지 않았다. 믿음의 사람에게도 많은 부족함과 약점이 있다. 그렇다고 해서 하나님 은혜의 역사는 중단되지 않는다. 언약(계약)의 성취자는 하나님이시기 때문이다. 벧엘로 곧장 가지 않고 숙곳에서 **자기중심(self-centerdness)의 삶**을 살다가 어려움에 빠진 야곱에게 은혜로우신 하나님이 나타나셔서 "벧엘로 올라가라"고 명하신다. 야곱은 자신과 가솔들을 정결하게 한 후 벧엘로 이주한다. 그런 야곱을 하나님은 사방의 원수들에게서 철저히 보호하신다. **진정한 신앙부흥은 그때나 지금이나 회개함으로써 이루어진다**. 지금이야말로 벧엘로 올라가야 할 때다!

믿음의 족장 요셉(37장 이하): "꿈꾸는 자"(Visionist)

요셉 이야기의 핵심은 요셉의 꿈 성취 자체에 있지 않다. 성경은 좋든 나쁘든 모든 사건과 인물 배후에서 일하시는 하나님을 항상 보여주듯이, 요셉 이야기는 **배후에서 일하시는 하나님, 언약(계약)을 이루어가시는 하나님과 하나님의 역사에 초점**이 있다. 요셉의 신앙과 윤리 도덕적 성결은 조연 역할을 한다. 중요한 것은 **하나님은 항상 요셉과 함께하시고**(임마누엘 원리 Immanuel principle), 요셉은 항상 **하나님 임재의 신앙 내지 의식**(Coram Deo)을 가지고 살았다는 것이다. 당시에 애굽의 성 풍속은, 이웃 여인과 스스럼없이 동침하는 것을 길 가다가 목마르면 물 한 바가지 떠서 마시는 것과 같이 별 대수롭지 않은 일로 여겼다. 만일 요셉이 코람 데오의 믿음을 갖지 않았다면, 그도 당시의 풍습 혹은 문화의 희생자가 되었을 것이다. 요셉의 "형통"(good success, prosperity)은 임마누엘과 코람 데오의 결과였다. **자신의 삶을 하나님의 역사 섭리에 비추어 해석하는 일과 형들에 대한 진정한 용서**는 우리가 본받아야 할 신앙 유산 중 하나다. 그리고 자신의 유골을 하나님이 약속하신 땅으로 가져가 달라고 부탁하는 것 또한 성도들이 세속(世俗)을 떠나 살아야 한다는 진리, 그리고 영혼의 본향은 이 세상이 아니라 천국임을 시사하는 것이다.

제4장
시내산 계약(Sinaic Covenant)과 결혼 메타포(Marriage metaphors): 하나님의 백성으로 선택받은 이스라엘

야곱과 함께 애굽에 내려온 이스라엘 자손은 고센 땅에서 번성하고 강성해져 간다(고센을 선택한 것은 신앙의 순수성을 지키려는 의도였다). 그리고 그들은 하나님의 백성으로 **선택**(election)받아 특별한 계약 관계 안에 들어간다. 여기서 말하는 계약이란 다름 아닌 **시내산 계약**(Sinaic Covenant)이다. 시내산 계약으로 말미암아 그들은 하나님의 백성으로 선택받는 은혜를 입는다.

아브라함에게 주신 하나님의 약속이 자손, 땅, 번영이라면, 모세계약(시내산 계약)은 하나님이 주신 땅에서 **선택받은 자들이 살아가는 '삶의 방식'**이다. 다시 말하면, 시내산 계약은 은혜로 선택받은 이스라엘 백성을 **하나님의 백성으**

로 지켜나가시기 위한 목적이라고 할 수 있다. 이를 위해 하나님께서는 이스라엘에게 율법을 주셨다. 그런 면에서 시내산에서 체결된 모세계약은 **'율법계약'**이라고 칭할 수 있다.

역사 안에서 하나님의 계시(啓示)는 발전적이다. 아브라함의 은혜 계약은 시내산에서 **의무**(obligation)**로 계약 당사자를 한데 묶는 조건부 계약**으로 발전한다. 다시 말하면, 시내산 계약은 하나님의 은혜로운 구원 행위에 기초하여 만들어진 **결속**(bond)이며, 이 결속은 만일 실패할 경우 가혹한 **형벌**을 주겠다는 위협 아래 **신적 명령을 준수할 의무**(the binding obligation)를 이스라엘에게 지우는 것이다.

> 출 19:5-6, "너희가 내 말을 잘 듣고 내 언약(계약)을 지키면 너희는 모든 민족 중에서 내 소유가 되겠고 너희가 내게 대하여 제사장 나라가 되며 거룩한 백성이 되리라"

이와 같은 하나님의 말씀을 듣고 이스라엘은 하나님의 말씀을 청종하며 계약을 잘 이행하기로 서약하였다.

> 출 19:8, "백성이 일제히 응답하여 이르되 여호와께서 명령

하신 대로 우리가 다 행하리이다"

출 24:3, "모세[1]가 와서 여호와의 모든 말씀과 그의 모든 율

---

1) 성경을 토대로 본 모세의 믿음(히 11:24-28)

(1) 거절하고(24절): 모세는 바로의 공주(합셉슈트)의 아들의 지위를 거절하는 믿음을 지녔다. 장차 세계 제국의 왕좌에 오르면 부귀와 영화가 얼마든지 보장되어 있다. 장차 왕위에 오를 사람인지라, 모세는 애굽의 모든 문물-정치학, 경제학, 군사학, 천문학, 마술학 등-을 다 습득했다. 그러나 모세는 공주의 아들의 지위, 곧 왕위를 거절했다. 믿음은 세상과 세상의 것을 거절하는 것이다. 누구든지 세상과 세상에 있는 것들을 사랑하면 그에게는 하나님의 사랑이 없다. 크리스천은 하나님과 물질(돈)을 겸하여 섬길 수 없다.

(2) 더 좋아하고(25절): 모세는 죄악의 낙을 누리는 것보다 고난을 더 좋아하는 믿음을 지녔다. 세상의 연락을 좋아하고 고난을 싫어하고 피하고자 하는 것이 인지상정이다. 그런데 모세는 하나님의 백성과 "함께" 고난받는 길을 선택했다. 크리스천에게 고난은 면류관에 오르는 계단(stepstone)이다.

(3) 여겼으니(26절): 모세는 애굽의 모든 보화보다 그리스도를 위해 받는 수모를 더 큰 재물로 여기는 믿음을 지녔다. 수치 혹은 수모가 금은보화보다 더 큰 재물이라니? 지위에 따르는 명예와 금은보화를 똥같이 여기고 오히려 그리스도를 위해 받는 수치를 큰 재물로 여기는 모세의 믿음은 오늘 축복신앙(영적인 축복보다 물질축복에 신경증적으로 매달려 있는)과 번영 이데올로기(prosperity ideology) 혹은 번영신화(prosperity myth)에 함몰된 우리에게 경종을 울린다. 사도 바울은 모세처럼 그것들을 쓰레기 혹은 배설물로 여겼다고 고백한다.

(4) 참았으며(27절): 지팡이 하나를 달랑 들고 대제국의 파라오와 대결하는 일이란 우스꽝스럽기도 하고 가소롭기도 한 일이다. 모세 역시 한 인간인지라, 왜 두려움이 없었겠는가? 그러나 모세는 파라오보다 눈에 보이지 않는 하나님을 더 두려워하며 사명을 감당하는 데 인내했다. 우리는 과연 신앙생활과 사명을 감당하는 데 따르는 어려움을 잘 참아내는 믿음이 있는가?

(5) 믿음으로 예식을 정하였으니(28절): 모세는 믿음으로 유월절과 피 뿌리는 예식을 정하였다. 물론 이것은 하나님의 지시(계시)에 따른 것이다. 비록 하나님의 지시이긴 하지만, 믿음으로 반응하여 순종으로 예식을 확립한다는 것

례를 백성에게 전하매 그들이 한 소리로 응답하여 이르되 여호와께서 말씀하신 모든 것을 우리가 준행하리이다"

이스라엘이 복종한다는 조건하에 하나님께서 그들의 하나님(주인, 남편인 바알)이 되실 것을 약속하시고, 또한 이스라엘이 하나님께 충성할 것을 서약함으로써 **계약관계가 성립**되었다. 이 **계약 비준식**이 출애굽기 24:1-11에 보존되어 있다.

> 출 24:3-11, "모세가 와서 여호와의 모든 말씀과 그의 모든 율례를 백성에게 전하매 그들이 한 소리로 응답하여 이르되 여호와께서 말씀하신 모든 것을 우리가 준행하리이다 … 모세가 피를 가지고 … 뿌리고 언약서(계약서)를 가져다가 백성에게 낭독하여 듣게 하니 그들이 이르되 여호와의 모든 말씀을 우리가 준행하리이다 모세가 그 피를 가지고 백성에게 뿌리며 이르되 이는 여호와께서 이 모든 말씀에 대하여 너희와 세우신 언약(계약)의 피니라 … 그들은 하나님을 뵙고 먹고 마셨더라"[2)]

은 참 믿음이 아니고서는 불가능한 일이다. 구약의 모든 절기는 하나님과 이스라엘 백성 사이의 관계의 끈이었다.

2) 계약식사(covenamt meal): 고대근동에서는 계약체결 후에 계약식사를 했다.

여기서 보면 언약서(The book of covenant)가 낭독되고 백성이 응답하였고, 협정을 인준한 것은 **'피'**(blood)였다. 여기서 직접 쪼갠 짐승 사이로 지나갔다는 표현은 없지만, **짐승을 죽여 그 피를 받아 뿌린 것은 하나님과 이스라엘 쌍방이 쪼갠 짐승 사이를 지나간 것과 같은 계약체결 의식**이었다.

그러므로 야훼 하나님과 이스라엘의 계약 관계가 **피로 확정되어** 그들이 함께 **계약식사**(covenant meal)를 가졌다. 여기서 야훼께서 하신 모든 말씀은 십계명을 위시하여(출 20:1-23:33) 하나님께서 제시한 모든 명령과 규례들(ordinances)을 포함한다.

출애굽(Exodus)이라는 역사적 사건에 근거하여 맺어진 시내산 계약은 계약을 수여하시는 하나님의 계약의 내용, 즉 십계명을 위시한 모든 규례(출 21:1, 신 4:40, 5:1, 6:17)에 복종하고 충성할 것을 서약함으로써 의무(obligation)를 지게 된 조건적인 계약이었다(출 19:5-6, 19:8, "if~then" "만일 ~하면 ~하리라" 형식). 이 계약은 희생의 피 뿌림을 통해 위반 시에는 **저주**(ארר)가 약속되고 기원되는 **'죽음의 피의 협정'**이었다(베리트 ברית라는 말 속에는 저주의 뜻이 담겨 있음을 앞에서 설명했다). 이후에 보겠지

이미 언급한 바 있지만 계약(베리트)이란 말 속에는 '짜르다'는 의미가 들어있다. 즉 "계약 식사를 짜르다"라는 것이다.

만, 이스라엘 백성은 이 계약을 파괴함으로써 약속한 심판과 저주를 받는데, 그때 하나님은 앗수르를 "진노의 막대기"(사 10:5-14)로, 바벨론의 느부갓네살을 "나의 종"(렘 25:9)으로 사용하신다.

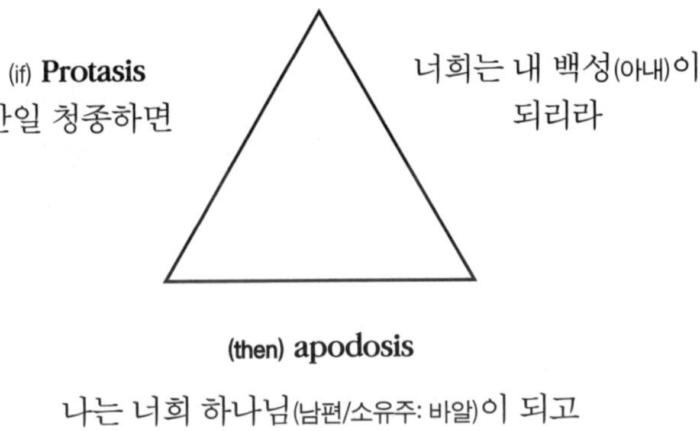

***3중적인 계약형식(tripartite formula): 만일 ~하면 ~이 되고, ~이 되리라**

시내산 계약에서는 **'결혼비유'**(Marriage metaphor)가 두드러지게 사용되고 있다. 고대 근동의 결혼 풍습은 남자가 멀리 가서 아내를 데려와 결혼식을 거행한다. 이때 남자는 아내를 향해 **"나는 너의 바알**(남편 /소유주)**이고, 너는 내 아내다"**라는 **결혼 선포**(marriage proclamation)를 한다. 결혼 후 남편은 아내에게 살 집을 마련해 주고 필요한 모든 것을 공급한다. 단 아내는 배타적으로 남편 한 사람만을 사랑하고 섬겨야 한다. 만일 부정을 저지르면 남편은 파혼하고 이혼증서를 주어 쫓아낸다. 시내산 계약은 이와 흡사한 형식을 지닌다: "나는 너희의 하나님(남편, 바알)이고, 너희는 내 백성(아내)다."

아브라함과 하나님 사이에 체결된 계약의식에서는 하나님만이 쪼갠 고기 사이로 지나가신다(은혜계약). 계약의 창시자(initiator)와 계약의 성취자는 오로지 하나님 한 분이시다. 그런데 후기 시내산 계약에서는 **계명과 율례에 대한 순종**이 조건이 된다. 그렇게 된 것은 아브라함의 후예인 이스라엘 백성을 **계약 백성으로 지켜나가시려는 하나님의 계획과 섭리**이다. **은혜만 있고 법이 없으면 하나님의 백성이라도 신앙의 궤도에서 이탈할 수 있기 때문이다**. 그러므로 실상 **하나님의 법은 은혜**이다(참조: 신 10:13 "내가 오늘 네 행복을 위하여 네게 명하는 여호와의 명령과 규례를 지킬 것이 아니냐?").

신명기 6장에는 야훼만을 사랑하고 그분의 **명령**을 기억하고 후대에게 전하라는 **궁극적인 의무에 대한 선언**(쉐마)이 있다.

신 6:4-5, "이스라엘아 들으라 우리 하나님 여호와는 오직 유일한 여호와이시니 너는 마음을 다하고 뜻을 다하고 힘을 다하여 네 하나님 여호와를 사랑하라"

이에 뒤이어 불충성의 경우에 **'질투하시는 하나님'**(야훼 짜나, Yahweh Zanah)의 위협과, 충성할 경우 약속의 땅에서 받을 행복에 대한 약속이 뒤따른다(14-19절).

너희 중에 계신 너희의 하나님 여호와는 질투하시는 하나님이신즉 너희의 하나님 여호와께서 네게 진노하사 너를 지면에서 멸절시키실까 두려워하노라(15절)

출 20:5(신 5:9), "나 네 하나님 여호와는 질투하는 하나님인즉"

출 34:14 "너는 다른 신에게 절하지 말라 여호와는 질투라 이름하는 질투의 하나님임이니라"

수 24:19, "너희가 여호와를 능히 섬기지 못할 것은 그는 거룩하신 하나님이시요 질투하시는 하나님이시니"

하나님과 이스라엘 사이에 맺어지는 계약 체결은 **카라트 베리트**(כרת ברית, 언약을 짜르다)이며, 계약 파괴는 **파라트 베리트**(פרת ברית)이다. 물론 앞에서 언급한 바와 같이 계약 파괴에는 **저주**(아라르, ארר)가 뒤따른다. 그러면 계약에 관한 구절을 살펴보도록 하자.

> 창 15:18, "여호와께서 아브람과 더불어 언약(계약)을 세워 이르시되"
>
> 출 24:8, "이는 여호와께서 이 모든 말씀에 대하여 너희와 세우신 언약(계약)의 피니라"
>
> 출 34:10, "여호와께서 이르시되 보라 내가 너희와 언약(계약)을 세우나니"
>
> 수 24:25, "그날에 여호수아가 세겜에서 백성과 더불어 언약(계약)을 맺고"
>
> 신 5:2-3, "우리 하나님 여호와께서 호렙산에서 우리와 언약(계약)을 세우셨나니 … 우리와 세우신 것이라"
>
> 왕하 11:17, "여호야다가 왕과 백성에게 여호와와 언약(계약)을 맺어 여호와의 백성이 되게 하고"
>
> 왕하 17:35, "옛적에 여호와께서 야곱의 자손에게 언약(계약)을 세우시고"
>
> 대하 21:7, "여호와께서 다윗의 집을 멸하기를 즐겨하지 아니하셨음은 이전에 다윗과 더불어 언약(계약)을 세우시고"
>
> 대하 23:3, "온 회중이 하나님의 전에서 왕과 언약을 세우매"

스 10:3, "아내와 그들의 소생을 다 내보내기로 우리 하나님과 언약을 세우고"

느 9:8, "그의 마음이 주 앞에서 충성됨을 보시고 그와 더불어 언약(계약)을 세우사"

사 55:3, "내가 너희를 위하여 영원한 언약을 맺으리니"

렘 11:10, "자기들의 선조의 죄악으로 돌아가서 다른 신들을 따라 섬겼은즉 이스라엘 집과 유다 집이 내가 그들의 조상들과 맺은 언약(계약)을 깨뜨렸도다"

렘 31:31, "여호와의 말씀이니라 보라 날이 이르리니 내가 이스라엘 집과 유다 집에 새 언약(계약)을 맺으리라"

겔 34:25, "내가 또 그들과 화평의 언약(계약)을 맺고"

위의 구절들에 사용된 "언약을 세워(맺어)"라는 말은 한결같이 **"계약을 짜르다"**(כרת ברית, to cut a covenant)이다.

한편 **고대사회에서 행해진 계약의식**(The Ancient Treaty Formula)은 시내산에서 하나님과 이스라엘 사이에 맺어진 계약과 유사한 성격을 지닌다.

1) 서문(The Preamble)

2) 역사적 서론(The Historical Prolonge)

3) 조항들(The Stipulations)

4) 본문 보관에 대한 조항과 공중 낭독(Provisions for Deposit of the Text and For Public Reading)

5) 조약에 대한 신의 증언 기록(A list of the Divine Witness to the Treaty)

6) 축복과 저주(Blessing and Curse)

이와 관련하여 **히타이트족의 종주권 조약**(The Hittite Suzerain Treaty)을 살펴볼 필요가 있다.

고대 헷족속(히타이트)의 종주(Suzerain, 宗主)와 봉신(封臣, Vassel) 사이에 맺어진 조약은, 봉신이 종주에게 배타적 또는 절대적 충성을 맹세하고 공물을 바치는 조건으로 종주가 봉신을 보호해 주는 조약이다. 만일 봉신이 배신하면 종주는 군대를 이끌고 와서 봉신을 철저히 파괴시킨다.[3)]

3) 암픽티오니(Amphictiony)
먼저 언급할 것은, 이 이론은 하나의 가설이다. 델피(Delphi) 같은 신전을 보호하고 유지하기 위해 주변의 12 종족들이 동맹했다는 것이다. 이것을 이스라엘에게 적용하여 언약궤를 중심하여 12 지파가 동맹을 이루었다는 가설인데, 성경 어느 곳에서도 그와 같은 흔적을 발견할 수 없다.

종주권 조약 Suzerain Treaty	시내산 계약 Sinaic Covenant	
	출애굽기 Exodus	신 명 기 Deuteronomy
맥카디 Macarthy, Treaty and Covenant(1-2)	해리슨 R. K. Harrison, Jeremiah and Lamentation(26)	맥카디(1-2)
1) 화자(話者) 서문 "이것은 기후신(氣候神)의 사랑받는 자, 하티(Hatti) 땅의 대왕 선 무와탈리스(Sun Muwatalis)의 말씀이라"	서론 "하나님이 이 모든 말씀으로 말씀하여 이르시되" (출 20:1)	"모세가 증언과 규례와 법도를 선포하였으니" (신 4:45-46)

2) 역사적 서론 "이전에 나의 조부 라바니스(Labanas)가 윌루사(Wilusa) 땅을 침략하여 (그것을) 점령하였을 때 윌루사 땅이 하티(hatti) 땅에서 결코 떨어져 나가지 않았다. 그러나 … 하티 왕과 더불어 친구들이 남았다"	역사적 서론 "나는 너를 애굽 땅, 종 되었던 집에서 인도하여 낸 네 하나님 여호와니라"(출 20:2)	"그들이 애굽에서 나온 후에"(신 4:45), "… 바산 왕 옥의 땅을 얻었으니"(47)
3) 조항들 "알락산더스(Alaksandus)가 순(Sun)을 친구로서 보호하리라" "만일 누구라도 순(Sun)에 대해 비우호적인 말을 하며 그것을 순에게 숨기며 … 알락산더스는 신들의 맹세	3) 조항들 "너는 나 외에는 다른 신들을 네게 있게 말지니라 … 네 이웃의 집을 탐내지 말지니라"(출 20:3-17, 22-26, 25-31)	"너는 마음을 다하고 성품을 다하고 힘을 다하여 네 하나님 여호와를 사랑하라"(신 6:5)

4) 문서 "너는 내가 만들어 준 이 판을 매년 세 번 읽게 하라(19, 73-4)	4) 문서에 대한 사항 "내가 네게 줄 증거판을 궤 속에 둘지며"(출 25:16, 34:1, 28:29)	"너는 이 율법의 모든 말씀을 그 돌들 위에 분명하고 정확하게 기록할지니라" (신 27:8)
5) 신들 "하늘의 태양신, 땅을 다스리는 자, 사람의 목자, 아리나(Arina) 여 태양신, 달의 여왕, 기후신"(20, 1-30)	5) 증인 "모세가 여호와의 모든 말씀을 기록하고 이른 아침에 일어나 산 아래에 제단을 쌓고 이스라엘 열두 지파대로 열두 기둥을 세우고"(출 24:4)	

고대 근동에서는 멀리 가서 여자를 데리고 와서 결혼식과 **결혼 선포**(marriage proclamation)를 통해 아내를 삼는 풍습이 있었다. 이때 남편은 **"만일 네가 나만 사랑하고 섬기면 나는 너의 바알**(남편, 소유주)**이 되고, 너는 나의 아내**(소유)**가 되리**

라"고 선포한다. 그리고 아내에게 살 집을 마련해 준다. 만일 아내가 부정을 저지르면 남편은 파혼하고 이혼증서를 주어 쫓아낸다. 이와 같이 하나님은 멀리 애굽에 가서 처녀 이스라엘을 데리고 와서 아내(소유)를 삼으시고 시내산에서 결혼 선포를 하시고 가나안 땅을 살 집으로 주신다. 이스라엘이 가나안 땅의 바알 숭배에 빠질 때(파라트 베리트 פרת ברית, 즉 계약을 파괴했을 때), 하나님은 파혼하시고 이혼증서를 주어 추방하신다. 이 추방이 바로 **바벨론 포로**(Babelon Captivity)다. 예루살렘 멸망은 계약 내용대로 저주(ארר)가 임한 것이다.

시내산 계약체결과 병행하여 우리가 이제 생각해야 할 것은 하나님의 선택이다.

● 더 깊이 있는 연구

여호와 하나님의 이름에 계시된 성품

(1) 엘로힘(Elohim): 창조주 전능하신 하나님

신 10:17, "너희의 하나님 여호와는 신 가운데 신이시며 주 가운데 주시요 크고great 능하시며mighty 두려우신 awesome 하나님God이시라"

엘로힘 하나님은 천지를 창조하신 창조주 하나님이시다 (창 1:1, "태초에 엘로힘이 천지를 창조하시니라"). 창조주 하나님은 위대하시고*great*, 능력이 무한하시며*mighty*, 두려움을 갖고 경외할*awesome* 분이시다. 우리는 엘로힘 하나님의 피조물이다. 피조물은 마땅히 창조주 하나님을 경외하고 예배해야 한다.

(2) 엘 엘리온(El-Elyon): 지극히 높으신 하나님

시 78:35 "하나님이 그들의 반석Rock이시며, 지존하신 하나님God Most High이 그들의 구속자이심을 기억하였도다"

[구속자: '고엘의 하나님'. 고엘은 노예를 사기 위해 지불하는 속전(贖錢)이다. 호세아가 음녀 고멜을 속하여 데려오

기 위해 지불한 값은 고엘. 예수님은 우리의 구원을 위해 하나님께서 지불하신 속전, 곧 고엘이다].

하나님은 만물을 창조하시고 다스리시는 주권자*Sovereign God*이시므로 ***하나님의 인가 혹은 허락 없이는 어떤 일도 일어날 수 없다***. 참새 한 마리라도 하나님의 허락 없이는 땅에 떨어지지 않는다(마 10:29, 눅 12:6). 그리고 하나님께서 다스리시는 세계 안에서 우연이란 존재할 수 없다. 그러므로 철두철미 하나님에 대한 투철한 믿음을 갖고 살아야 한다.

(3) 엘로이(El Roi): 감찰하시는 하나님

사라의 학대를 견디다 못해 도망친 하갈의 고통의 절규를 하나님은 하늘에서 들으셨다. 하나님이 자신을 지켜보고 계시며 자기의 고통의 절규를 듣고 계신다는 사실을 하갈은 깨닫지 못했지만, 하나님은 보고 듣고 계셨다(출 16:6-13).

하나님은 특별한 선택을 입은 자들(아브라함과 사라)에게만 관심을 쏟으시고 돌보실 뿐만 아니라 하갈 같은 주변 인물들에게도 동일한 관심과 사랑을 쏟으셨다. 그것은 우리 모두에게도 적용되는 진리이다.

시 139:7-10, "내가 주의 영을 떠나 어디로 가며 주의 앞에서 어디로 피하리이까 내가 하늘에 올라갈지라도 거기 계시며 스올에 내 자리를 펼지라도 거기 계시니이다 내가 새벽 날개를 치며 바다 끝에 가서 거주할지라도 거기서도 주의 손이 나를 인도하시며 주의 오른손이 나를 붙드시리이다"

(4) 엘 솨다이(El Shadai): 전능하신 하나님(almighty God, Strength-giver)

엘로힘 하나님은 믿음의 족장들에게 "엘 솨다이"로 자신을 계시하셨다. "솨다이"를 어원학적으로 살피면 **'풍부한 것'**이라는 개념이 들어 있다. 하나님은 전능하실 뿐 아니라 사랑하는 자들에게 풍부한 것, 곧 축복을 주시는 부요한 분이시다. 엘 솨다이 하나님은 믿음의 족장들에게 땅과 후손의 창성(prosperity), 또한 물질의 축복(abundance)을 주셨다.

창 17:1, "나는 전능한 하나님이라 너는 내 앞에서 행하여 완전하라"

시 20:1-5, "환난 날에 여호와께서 네게 응답하시고, 야곱의 하나님의 이름이 너를 높이 드시며, 성소에서 너를 도와주시고"

(5) 아도나이(Adonal): 주(Lord)

이스라엘은 하나님의 이름 "야훼"(여호와)가 너무 거룩하고 존귀하여 함부로 부르지 못하였다. 그래서 성경을 읽다가 그 이름이 나오면 "아도나이여(주여!)" 하고 불렀다. 물론 그렇게 부르는 데는 "네 하나님의 이름을 망령되이 일컫지 말라"는 십계명의 말씀이 중요한 역할을 했다.

> 시 136:3, "주들 중에 뛰어난 주께 감사하라 그 인자하심이 영원함이로다"

아도나이(Adonai)이신 하나님은 우리의 **순종**을 요구하신다. 종(노예)은 주인(Adonai, The Lord)에게 온전히 순종해야 한다.

(6) 여호와 이레(Jehovah-Jir): 준비하시는 하나님

하나님은 우리의 앞날과 미래를 다 아시고 미리 앞서 가셔서 우리의 필요를 준비하신다. 아브라함이 말씀에 순종하여(혈육과 의논하지 않고) 모든 것을 준비하고 집을 나서는 순간, 하나님의 세키나(sekinah: 영광의 임재), 곧 신비한 구름이 그를 모리아 산으로 인도했다. "하나님의 산에서 준비되리라"(여호와 이레)는 말의 또 다른 뜻은 ***'하나님의 산에 비전이 있다'****(There is a vision on the mountain of God)*이다. 즉 믿음과 순종의 산에서 ***하나님의 관점****(God's point of view)*을 갖는다는 말이 기도 하다.

> 창 22:13-14, "아브라함이 눈을 들어 살펴본즉 한 숫양이 뒤에 있는데 뿔이 수풀에 걸려 있는지라 아브라함이 가서 그 숫양을 가져다가 아들을 대신하여 번제로 드렸더라 아브라함이 그 땅 이름을 여호와 이레라 하였으므로 오늘날까지 사람들이 이르기를 여호와의 산에서 준비되리라 하더라"

아브라함은 하나님의 명령에 순종하여 진행하는 데 지체하지 않았다("아침에 일찍이 일어나"). 삼일 길을 가는 도중 얼마든지 뜻을 돌이킬 수 있었지만, 그는 뜻을 돌이켜 발걸음을 돌이키지 않았다. 그리고 약속의 아들을 도로 살려주시리라는 믿음을 가졌다. 왜냐하면 그는 약속의 아들이며 하나님은 결코 약속을 변개하거나 취소하지 않는 신실하신 분임을 믿었기 때문이다. 아브라함은 **진실로 하나님을 경배**(예배)한 자였다.

(7) 여호와 체바오트(Jehovah-savaot): 만군의 여호와

이 이름은 극한 상황 속에 있을 때 주신 이름이다.

> 삼상 17:45, "다윗이 블레셋 사람에게 이르되 너는 칼과 창과 단창으로 내게 나아오거니와 나는 만군의 여호와의 이

름 곧 네가 모욕하는 이스라엘 군대의 하나님의 이름으로 네게 나아가노라"

키가 2m 93cm 되는 거장(巨匠) 골리앗('유랑자, 망명자')은 머리에 놋 투구를 쓰고 어린 갑을 입었는데, 갑옷의 무게가 놋 5천 세겔(약 196kg)이었고, 놋 단창과 15파운드의 철침이 꽂힌 대창으로 무장했다. 그 누구도 오금을 못 쓰고 기가 죽어 있을 때 하나님의 사람 다윗은 물맷돌을 가지고 골리앗에게로 나아갔다. 다윗의 눈에 거장 골리앗은 땅에 기는 개미 정도로밖에 보이질 않았다. 다윗은 "만군의 하나님"을 알기 때문이었다.

"여호와 체바오트" 하나님은 인간의 가장 낮은 상황, 극한 상황, 처절한 상황까지 내려오셔서 구원하고 도우시는 분이시다(*참조: 만군의 여호와 하나님을 가장 많이 부른 선지자는 이사야이다).

(8) 여호와 닛시(Johovah-niss): 여호와는 나의 깃발

약속의 땅을 향해 진군하는 과정에 아말렉이 이스라엘을 공격했다(르비딤 전투). 모세는 산꼭대기에 올라가 기도하고, 여호수아는 이스라엘을 지휘하며 나가 싸우는 과정에, 모세의 손이 내려오면 이스라엘이 지고 모세의 손이 올라가면 이스라엘이 이겼다. 아론과 훌이 양쪽에서 모세의 손을 붙들어 올려 결국 전쟁에서 승리를 거두었다.

> 출 17:15-16, "모세가 제단을 쌓고 그 이름을 여호와 닛시라 하고 이르되 여호와께서 맹세하시기를 여호와가 아말렉과 더불어 대대로 싸우리라 하셨다 하였더라"

일반적으로 왕이 거하는 궁전에는 왕의 깃발이 세워져 펄럭인다. 만일 왕이 궁전을 나가서 없을 때 궁전에는 깃발이 보이지 않는다. 깃발의 유무로 왕의 재(在)/부재(不在)를 알았다. 그리고 왕이 궁전에 거할 뿐만 아니라 왕이 어디로 가든 왕의 주위에는 깃발을 든 자와 호위병들이 뒤따른다. **만일 하나님의 이름이 우리와 함께 하시면, 천사들이 와서 우리를 돕는다.** 그러므로 믿음의 기도로 당신의 삶 속에, 가정에, 사업장에, 교회에 하나님의 깃발을 세우라!

(9) 여호와 로히(Jehovah-rohi): 목자이신 하나님

이는 하나님과 이스라엘 백성 사이의 관계를 나타내는 메타포(metaphor: 비유)들 가운데 두드러진 비유이다.

> 시 23:1-6, "여호와는 나의 목자시니 내게 부족함이 없으리로다/ 그가 나를 푸른 풀밭에 누이시며 쉴 만한 물가로 인도하시는도다/ 내 영혼을 소생시키시고 자기 이름을 위하여

의의 길로 인도하시는도다/ 내가 사망의 음침한 골짜기(혹은 어둠의 골짜기 the darkness valley)로 다닐지라도 해를 두려워하지 않을 것은 주께서 나와 함께 하심이라 주의 지팡이와 막대기가 나를 안위(comfort: 위로)하시나이다/ 주께서 내 원수의 목전에서 내게 상을 차려주시고 기름을 내 머리에 부으셨으니 내 잔이 넘치나이다/ 내 평생에 선하심과 인자하심이 반드시 나를 따르리니 내가 여호와의 집에 영원히 살리로다"(참조. 시 77:20, 78:52, 79:13, 요 10:7, 11, 14, 히 13:2).

***여호와가 목자면 됐지 더 무엇이 필요한가?**

어떤 목사님이 부흥회 약속을 했다. 하루는 부흥회 할 교회의 사무원이 부흥강사 목사에게 전화를 걸어 설교할 본문과 제목을 물었다. 본문은 시편 23편이고, 제목을 "여호와는 나의 목자"라 불러 주었다. 사무원이 "여호와는 나의 목자, 그뿐인가요?"라고 다시 물었다. 그때 목사님은 "여호와는 나의 목자면 됐지 그 이상 무엇이 더 필요하세요?"라고 했다. 그런데 부흥회 날짜가 되어서 그 교회에 도착하여 순서지를 본 후 처음에는 깜짝 놀랐다가, 목사님 스스로가 큰 은혜를 받았다. 순서지 설교 제목란에는, **"여호와는 나의 목자신데 그 이상 무엇이 더 필요합니까?"**라고 적혀 있는 것이었다. 결국 그 부흥회는 놀라운 성령의 역사가 임한 부흥회가 되었다.

(10) 여호와 에제르(Jehovah-Ezer): 도우시는 하나님

'에제르'는 구원하고 도우시는 하나님께 사용되는 말이며, 창세기에서 아담의 배필(에제르, 영어로는 correspomding to '상응하는'으로 번역됨)인 하와에게 적용되었다(창 2:18). 여기에서의 의미는 아내가 남편에게 종속된 자가 아니라 하나님 대신 보냄받은 자라는 뜻이다. 하와는 아담의 에제르(구원자)이다.

출애굽으로부터 시작하여 약속의 땅에 이르기까지 하나님은 이스라엘을 다방면에서 도우시고 구원하셨다. 낮에는 구름기둥, 밤에는 불기둥을 펼치셔서 그들의 길을 인도하고 보호해 주셨다(출 13:21). 먹을 양식과 목을 적실 물을 공급해 주시고, 대적들의 손아귀에서 건져 주셨고, 요단강을 건너 난공불락의 요새 여리고를 무너뜨리는 등 수많은 기적과 역사를 통해 그들에게 승리를 주셨다. 사사시대에 들어가 블레셋에게 패하여 하나님의 궤를 빼앗기자 하나님은 이스라엘을 도우셔서 궤를 도로 찾아오게 하셨다. 이때 사무엘은 미스바와 센 사이에 돌을 세워 제단을 쌓고 "

여호와께서 여기까지 도우셨다"하고 그 이름을 **'에벤에셀'** 이라 명했다(삼상 7:12).

시 121:1-8, "내가 산을 향하여 눈을 들리라 나의 도움이 어디서 올까 나의 도움은 천지를 지으신 여호와에게서로다 … 여호와께서 너의 출입을 지금부터 영원까지 지키시리로다"(참조. 시 46:1, 54:4, 롬 8:26, 히 2:18, 4:16).

(11) 여호와 라파(Jehovah-rapa): 치료하시는 하나님

출 15:26, "이르시되 너희가 너희 하나님 여호와의 말을 들어 순종하고 내가 보기에 의를 행하며 내 계명에 귀를 기울이며 내 모든 규례를 지키면 내가 애굽 사람에게 내린 모든 질병 중 하나도 너희에게 내리지 아니하리니 나는 너희를 치료하는 여호와임이라"

치료의 근거는 예수 그리스도의 십자가의 구속사역이다. 그리스도는 십자가에서 우리 죄뿐 아니라 우리의 연약함과 질병까지도 모두 담당하셨다.

사 53:4-5, "그는 실로 우리의 질고를 지고 … 그가 찔림은 우리의 허물 때문이요 그가 상함은 우리의 죄악 때문이라 … 그가 채찍에 맞으므로 우리는 나음을 받았도다"

벧전 2:24, "친히 나무에 달려 그 몸으로 우리 죄를 담당하셨으니 … 그가 채찍에 맞음으로 너희는 나음을 얻었나니"

마 8:16-17, "예수께서 말씀으로 귀신들을 쫓아내시고 병든 자들을 다 고치시니 이는 선지자 이사야를 통하여 하신 말씀에 우리의 연약한 것을 친히 담당하시고 병을 짊어지셨도다 함을 이루려 하심이더라"

야고보는 병든 자는 교회의 장로(elder, 목회자)에게 찾아가고, 장로는 그에게 기름을 붓고 그를 위해 기도하라고 권면한다. 여기에서의 기름은 문자대로 거룩한 기름부음(anointing)을 의미하며, 한편 **의학적인 치료**(medical healing)도 의미한다. 의학적인 치유는 하나님의 신유의 은총에 포함된다. 그러나 기도하지 않고 무조건 병원과 의사를 찾는 태도는 바람직하지 않다. 궁극적으로 생명이 유지되고 있는 것 자체가 신유의 은총이다.

(12) 여호와 메카디쉬켐(Jehovah-mekaddishkem): 거룩하게 하는 하나님

출 31:13, "너희는 나의 안식일을 지키라 이는 나와 너희 사이에 너희 대대의 표징이니 나는 너희를 <u>거룩하게 하는 여호와</u>인 줄 너희가 알게 함이라"(참조: 레 11:45, 말 2:11, 롬 6:19, 히 12:10, 고전 3:16, 고후 7:1).

(13) 엘에메트(El-emet): 진리의 하나님

사 65:16, "이러므로 땅에서 자기를 위하여 복을 구하는 자는 진리의 하나님(God of Amen, 아멘의 하나님)을 향하여 복을 구할 것이요"

창세기 15장에서 하나님은 환상 중에 아브라함에게 그의 후손을 밤하늘의 별들처럼 창성하게 하시겠다는 약속을 주신다. 이 언약의 말씀을 들은 아브라함은 그 약속의 말씀을 믿었다[히브리어 "아만"은 영어 Amen].

아멘(Amen: "에메트"는 아멘의 명사형)은 약속 성취를 위해 모든 노력을 포기하고, 오로지 약속하신 하나님의 신실하심(Faithfulness)을 믿고 신뢰(trust)하는 것을 의미한다(참조. 민 23:19, 삼상 15:29, 대하 19:7 등). 예수는 중대한 진리를 선포하실 때마다 **"아멘, 아멘, 내가 너희에게 말한다"**(*truly truly I say to you*: 헬 *Αμεν Αμεν εγω λεω ϋμιν*)라고 말씀하셨다. 앞에서도 언급한 것처럼, 하나님이 아멘의 하나님이신 것처럼, 예수 또한 아멘의 예수님이시다(계 3:14).

(14) 여호와 살롬(Yahweh-Shalom): 평강의 하나님

삿 6:23-24, "여호와께서 그에게 이르시되 너는 안심하라 두려워하지 말라 죽지 아니하리라 하시니라 기드온이 여호와를 위하여 거기서 제단을 쌓고 그것을 여호와 살롬이라 하였더라"

미디안은 하나님의 백성을 집요하게 괴롭혔다. 물론 그렇게 된 것은 이스라엘의 불신앙과 불순종(배신)의 결과였다. 긍휼의 하나님은 고통 속에서 부르짖는 그들의 부르짖음을 들으시고(삿 6:7) 또 한 번 이스라엘을 구원하시기로 결정하신 다음, 밀 농사를 하는 기드온을 사사로 택하셨다. 기드온은 가장 작은 므낫세 지파 사람인 데다가 별 볼 일 없는 집안의 사람임을 고하였으나, 하나님은 그를 사용하시고 도우실 것을 약속하셨다. 여호와의 사자를 접대한 후 기드온은 죽음의 슬픔에 잠겼다. 왜냐하면 누구든지 하나님이나 하나님의 사자를 보는 것은 죽음을 의미했기 때문이다. 그때 하나님은 기드온을 위로하셨다. 하나님은 특별한 사명을 부여하실 때 평강도 반드시 주신다(참조. 요 14:27, 골 3:1, 벧후 3:14). 예수님도 **'헤시케이아'**(hesicheia)를 약속하셨는데, 이는 깊은 묵상에서 얻게 되는 마음의 평강이다.

(15) 야훼 짜나(Yahweh-Zanah): 질투하시는 하나님

출 34:14, "너는 다른 신에게 절하지 말라 여호와는 질투라 이름하는 질투의 하나님임이니라"(참조. 신 4:24, 5:9, 6:15,

29:20, 32:21(2회), 수 24:19, 습 1:18).

(16) *야훼 짓케뉴*(Yahweh-Zidkenew): *의의 하나님*

렘 33:14-16, "여호와의 말씀이니라 보라 내가 이스라엘 집과 유다 집에 대하여 일러준 선한 말을 성취할 날이 이르리라 그날 그때에 내가 다윗에게서 한 공의로운 가지가 나게 하리니 그가 이 땅에 정의와 공의를 실행할 것이라 그날에 유다가 구원을 받겠고 예루살렘이 안전히 살 것이며 그 성은 여호와는 우리의 의라는 이름을 얻으리라"(참조. 롬 3:21 이하).

(17) *야훼 삼마*(Yahweh-Samma): *거기 계시는 하나님*

겔 48:35, "그 사방의 합계는 만 팔천 척이라 그날 후로는 그 성읍의 이름을 여호와 삼마라 하리라"(참조. 대하 36:15).

종말에 구원 얻은 하나님의 백성은 하나님의 도성(히 11:14-16), 하나님의 장막(계 21:1-3)에서 하나님과 함께 살 것이다. 이 새 예루살렘에만 하나님이 계시는 것이 아니라, 하나님은 택한 백성이 있는 곳에 항상 함께하신다(임마누엘의 하나님).

제5장
하나님의 선택(Election of God)

에스겔 20:41은 이스라엘 초기사의 요약이며, 선택사상을 신학적으로 말한 유일한 구절이다(참조. 신 4:20, 시 135:4, 암 3:2, 렘 1:5).

선택의 메타포(은유)적 묘사(the metaphoric description)

하나님	이스라엘	성경
전사(戰士) The Divine Warrior	하나님의 군대 God's levied army	출 15:3, 14:25, 12:12, 시 60:8, 9, 삼상 17:45, 사 13:3, 신 20:3, 4
아버지 Father	아들 son	출 4:22, 23, 신 32:18, 호 11:1, 렘 3:19, 시 89:27, 28
토기장이 Potter	토기 clay	사 65:8

주인 Master	종 servant	출 19:5, 6, 사 41:8, 9, 43:15
포도원 농부 Farmer	포도나무 vineyard	사 5장, 암 9:15, 렘 24:6, 겔 15:1-6, 19:10-14, 시 80:8, 9
목자 Shepherd	양 sheep	겔 34:11-31, 사 40:11, 시 23편, 80편, 95:6, 7
남편 Husband	아내 wife	호 1-3장, 렘 2-3장, 겔 16장, 사 54장
창조주 Creator	피조물 creature	사 43:1, 44:12, 49:5, 렘 1:5, 신 32:6, 겔 16:20, 시 2:7, 호 8:14, 말 2:10
야훼 하나님 Yahweh	거룩한 백성 a holy people	레 20:26, 사 62:11, 12
구속자 Redeemer	구속받은 자 Redeemed	출 20:2, 신 7:8, 사 43:1

선택사상은 고대 히브리인의 사상에 뿌리를 내리고 있어서 히브리 성경의 주요 주제들은 선택 사상과 불가분

리의 관계에 있다. 특히 **선택**(Election)-**배척**(Rejection)-**회복**(Restoration)의 주제는 히브리 성경에서 이스라엘의 역사와 신학의 큰 주기를 강조한다. **계약**(Covenant)**과 선택**(Election)**은 불가분리의 관계**를 갖는다.

선택은 하나님과 그의 백성 이스라엘 사이의 **배타적인 관계**를 언급한다. 성경에서 선택의 주요 관심은 야훼 하나님이 이스라엘을 그의 백성으로 선택한 과거의 사건에 있는 것이 아니라, 지금 **현재 야훼와 이스라엘 사이에 존재하는 관계를 지향**한다.

중요한 것은, 이스라엘 백성은 선택의 개념을 인간의 결혼관점에서 설명하려고 했다는 것이다. **그들은 야훼 하나님의 선택을 야훼 하나님이 이스라엘을 아내로 삼는 것으로 이해했다**.

> 사 50:1, "나 여호와가 이르노라 내가 너희의 어미를 내보낸 이혼증서가 어디 있느냐"
>
> 사 54:5, "이는 너를 지으신 이가 네 남편이시라 그의 이름은 만군의 여호와이시며"
>
> 렘 2:2, "여호와께서 이와 같이 말씀하시기를 내가 너를 위하여 네 청년 때의 인애와 네 신혼 때의 사랑을 기억하노니

곧 씨 뿌리지 못하는 땅, 그 광야에서 나를 따랐음이니라"

렘 3:8, "내게 배역한 이스라엘이 간음을 행하였으므로 내가 그를 내쫓고 그에게 이혼서까지 주었으되 그의 반역한 자매 유다가 두려워하지 아니하고 자기도 가서 행음함을 내가 보았노라"

렘 3:14, "여호와의 말씀이니라 배역한 자식들아 돌아오라 나는 너희 남편임이라"

렘 31:31-33, "여호와의 말씀이니라 보라 날이 이르리니 내가 이스라엘 집과 유다 집에 새 언약(계약)을 맺으리라 이 언약은 내가 그들의 조상들의 손을 잡고 애굽 땅에서 인도하여 내던 날에 맺은 것과 같지 아니할 것은 내가 그들의 남편이 되었어도 그들이 내 언약을 깨뜨렸음(파라트 베리트, ברית פרת)이라"

겔 16:30-32, "주 여호와의 말씀이니라 … 그 남편 대신에 다른 남자들과 내통하여 간음하는 아내로다"

'선택의 메타포'에서 가장 특출한 것은 **남편과 아내 메타포**이다. 여기에서 야훼 하나님은 남편 그리고 이스라엘은 아내이다. 야훼는 이스라엘을 당신의 아내로 삼아서 결혼 관계 안에 들어가신다.

1. 결혼 용어(marriage terms)

구약성경에서 하나님의 선택과 관련된 용어들은 바알, 라카, 그리고 코라인데, 그 가운데서 가장 탁월한 용어가 바알이다.

(1) 라카(לקח)

"라카"는 **'취하다'**(to take)라는 뜻으로, 대부분의 경우 **군사적인 배경**에서 발견된다. 통상 군사행동은 땅, 도시, 사람과 백성을 취함으로써 절정에 도달한다.

> 신 3:8, "그때에 우리가 요단강 이쪽 땅을 아르논 골짜기에서부터 헤르몬 산에까지 아모리 족속의 두 왕에게서 빼앗았으니"
> 신 29:7, "너희가 이 곳에 올 때에 헤스본 왕 시혼과 바산 왕 옥이 우리와 싸우러 나왔으므로 우리가 그들을 치고"
> 수 11:16, 23, "여호수아가 이같이 그 온 땅 곧 산지와 온 네겝과 고센 온 땅과 평지와 아라바와 이스라엘 산지와 평지를 점령하였으니 … 이와 같이 여호수아가 여호와께서 모세

에게 말씀하신 대로 그 온 땅을 점령하여"

삿 11:13, 15, "암몬 자손의 왕이 입다의 사자들에게 대답하되 이스라엘이 애굽에서 올라올 때에 아르논에서부터 얍복과 요단까지 내 땅을 점령했기 때문이니 … 그에게 이르되 입다가 이같이 말하노라 이스라엘이 모압 땅과 암몬 자손의 땅을 점령하지 아니하였느니라"

삼상 7:14, "블레셋 사람들이 이스라엘에게서 빼앗았던 성읍이 에그론부터 가드까지 이스라엘에게 회복되니"

왕상 22:3, "이스라엘의 왕이 그의 신하들에게 이르되 길르앗 라못은 본래 우리의 것인 줄을 너희가 알지 못하느냐 우리가 어찌 아람의 왕의 손에서 도로 찾지 아니하고 잠잠히 있으리요 하고"

왕하 13:25, "여호아하스의 아들 요아스가 하사엘의 아들 벤하닷의 손에서 성읍을 다시 빼앗으니"

대상 2:23, "그술과 아람이 야일의 성읍들과 그낫과 그에 딸린 성읍들 모두 육십을 그들에게서 빼앗았으며"

대상 18:1, "그 후에 다윗이 블레셋 사람들을 쳐서 항복을 받고 블레셋 사람들의 손에서 가드와 그 동네를 빼앗고"

암 6:13, "허무한 것을 기뻐하며 이르기를 우리는 우리의 힘으로 뿔들을 취하지 아니하였느냐 하는도다"

(2) 바알(באל)

결혼용어 "바알"은 **남편과 아내 관계에 중대한 의미를 부여**한다. "바알"은 **'소유주'**(owner 혹은 possessor)를 의미한다. 동사 "바알"에 의하면, 결혼은 남편이 아내를 취할 경우 여자의 소유주가 되고, 여자는 그녀 남편의 재산(소유)이 됨을 뜻한다. 결혼에 의해서 남편은 여자를 다스리는 자가 되고, **여자의 주인**(Master 혹은 Lord)이 되는 것이다.

결혼의 소유권 개념은 선지자 나단의 비유에서 잘 보인다. 다윗이 우리아를 죽인 후 밧세바를 아내로 취했을 때 나단이 와서 다윗의 죄를 탄핵하면서 비유를 말하였다.

> 삼하 12:10, "이제 네가 나를 업신여기고 헷 사람 우리아의 아내를 빼앗아 네 아내로 삼았은즉 칼이 네 집에서 영원토록 떠나지 아니하리라"

결혼에 의해서 남편은 다른 사람들에게 그 여자에 대한 자신의 소유권을 선포하였고, 그는 그녀의 바알이 되었다: **"그녀는 나의 아내이다. 그리고 나는 그녀의 바알이다."**

(3) 나솨(רשה)

"나솨"는 **'멀리 데려가다'**(to take away), **'멀리 가져가다'**(to carry away)의 뜻이다(창 47:30). 그리고 간혹 **'옮겨가다'**(to bring)는 의미도 가능하다(왕하 14:20).

> 창 47:30, "내가 조상들과 함께 눕거든 너는 나를 애굽에서 메어다가 조상의 묘지에 장사하라"
> 왕하 14:20, "그 시체를 말에 실어다가 예루살렘에서 그의 조상들과 함께 다윗 성에 장사하니라"

그러나 이 용어가 결혼을 위해 사용될 때는 "라카"와 같은 의미를 갖는다(룻 1:4, "그들의 아내를 맞이하였는데"). 그러므로 결혼은 **'여자를 멀리서 데려오다'**는 개념을 함축하고 있다. 결혼은 한 여자가 아버지 집에서 그녀의 남편의 집으로 옮겨가는 것을 포함하였다(삼상 25:25-39, "다윗이 아비가일을 자기 아내로 삼으려고 사람을 보내어…").

'나솨'가 야훼께 사용될 때, 그것은 **애굽에서 이스라엘을 구원하는 행위를 묘사하며, 특히 이스라엘을 새로운 장소로 데려가는 것과 관련되어 있다.**

출 19:4, "내가 애굽 사람에게 어떻게 행하였음과 내가 어떻게 독수리 날개로 너희를 업어 내게로 <u>인도하였음</u>(to bring)을 너희가 보았느니라"

그러므로 야훼 하나님이 이스라엘을 애굽에서 가나안으로 데려가신 것과 이스라엘이 광야에서 야훼를 따른 것(렘 2:2-3)은 **결혼 관점**(marriage perspective)에서 해석된다.

렘 2:2, "내가 너를 위하여 네 청년 때의 인애와 네 <u>신혼 때의 사랑</u>을 기억하노니 곧 씨 뿌리지 못하는 땅, 그 광야에서 나를 따랐음이니라"

(4) 아삽(אשב)

'결혼하다'(to marry)는 뜻을 지닌 이 말은 오직 에스라와 느헤미야에서만 발견된다.

느 13:27, "너희가 이방 여인을 <u>아내로 맞아(결혼하여)</u> 이 모든 큰 악을 행하여 우리 하나님께 범죄하는 것을 우리가 어찌 용납하겠느냐"

근본적으로 "아삽"의 능동재귀형은 **'정착시키다'**(to settle)라는 뜻을 갖는다(창 47:11, "요셉이 바로의 명령대로 그의 아버지와 그의 형들에게 거주할 곳을 주되"). 이런 관점에서 볼 때 **결혼은 '여자에게 살 집을 마련해 주는 것'의 의미가 함축**된 것을 알 수 있다. 결혼은 여자를 한 영원한 장소에 정착시키는 관점으로 이해될 수 있다.

> 창 24:67, "이삭이 리브가를 <u>인도하여</u>(to bring) 그의 어머니 사라의 <u>장막으로 들이고</u> 그를 맞이하여 아내로 삼고 사랑하였으니"
>
> 삼상 12:8, "야곱이 애굽에 들어간 후 너희 조상들이 여호와께 부르짖으매 여호와께서 모세와 아론을 보내사 그 두 사람으로 너희 조상들을 애굽에서 인도해 내어 이곳에 <u>살게 하셨으나</u>(to settle)"
>
> 레 23:43, "이는 내가 이스라엘 자손을 애굽 땅에서 <u>인도하여 내던</u>(to bring) 때에 초막에 <u>거주하게</u>(to dwell) 한 줄을 너희 대대로 알게 함이니라"

(5) 야다(יצד)

일반적으로 "야다"는 **'알다'**(to know)로 해석된다. "야다"(앎)의 대상은 지식과 정보의 모든 영역을 망라한다. 엄격하게 말해서 야다는 결혼용어가 아니라 **관계용어**이다. 사람들에게 적용될 때 그것은 개인적이며 아주 밀접한 관계개념을 나타낸다. 특히 남자와 여자 혹은 남편과 아내에게 적용될 때 야다는 성관계(sexual relationship), 즉 **가장 친밀한 인간관계**를 묘사한다.

> 삼상 1:19-20, "그들이 아침에 일찍이 일어나 여호와 앞에 경배하고 돌아가 라마의 자기 집에 이르니라 엘가나가 그의 아내 한나와 동침하매 여호와께서 그를 생각하신지라 한나가 임신하고"

빈번히 "야다"는 **야훼 하나님과 그분이 사랑하는 자와의 특별한 관계**를 묘사한다.

> 창 18:18-19, "아브라함은 강대한 나라가 되고 천하만민은 그로 말미암아 복을 받게 될 것이 아니냐 내가 그로 그 자식과 권속에게 명하여 여호와의 도를 지켜 의와 공도를 행하게 하려고 그를 택하였나니"

여기서 야다는 야훼 **하나님의 예정**(豫定)을 나타낸다. 예레미야의 소명(召命) 기사는 예레미야가 어머니의 자궁 속에서 형성되기 이전에 하나님께서 선지자로 미리 아신 것을 설명한다.

> 렘 1:4-5, "여호와의 말씀이 내게 임하니라 이르시되 내가 너를 모태에 짓기 전에 너를 알았고 네가 태에서 나오기 전에 너를 성별하였고 너를 여러 나라의 선지자로 세웠노라"

야훼 하나님의 "야다"는 아브라함과 예레미야의 경우처럼 단순히 개인에게만 한정된 것이 아니라, **야훼 하나님은 배타적으로 이스라엘을 아셨다**.

> 암 3:2, "내가 땅의 모든 족속 가운데 너희만을 알았나니 그러므로 내가 너희 모든 죄악을 너희에게 보응하리라 하셨나니"

따라서 **이스라엘도 오로지 야훼 하나님 한 분만을 알아야** 했다.

호 13:4, "그러나 애굽 땅에 있을 때부터 나는 네 하나님 여호와라 나 밖에 네가 다른 신을 알지 말 것이라 나 외에는 구원자가 없느니라"
호 6:3, "그러므로 우리가 여호와를 알자 힘써 여호와를 알자 그의 나타나심은 새벽빛같이 어김없나니 비와 같이, 땅을 적시는 늦은 비와 같이 우리에게 임하시리라"
호 6:6, "나는 인애를 원하고 제사를 원하지 아니하며 번제보다 하나님을 아는 것을 원하노라"

2. 결혼관계의 성격

성경에서 남편-아내 관계의 성격은 야훼-이스라엘 관계를 이해하는 열쇠다. 이 관계의 본질적 성격은 **'소유주'**(the possessor)와 **'소유당한 자'**(the possessed)의 개념으로 설명될 수 있다.

일단 여자가 선택되면, 그 여자는 자기를 택한 자를 **남편**("바알" בעל)으로 불러야 했고, 그녀는 남편의 이름을 따라 불렸다.

호 2:16-17, “여호와께서 이르시되 그날에 네가 나를 내 남편이라 일컫고 다시는 내 바알이라 일컫지 아니하리라[1]내가 바알들의 이름을 그들의 입에서 제거하여 다시는 그의 이름을 기억하여 부르는 일이 없게 하리라”

사 4:1, “그날에 일곱 여자가 한 남자를 붙잡고 말하기를 우리가 우리 떡을 먹으며 우리 옷을 입으리니 다만 당신의 이름으로 우리를 부르게 하여 우리가 수치를 면하게 하라”

두 사람이 결혼관계 안에 들어갈 때 남편은 그의 아내를 의당 사랑해야 했고, 이런 맥락 안에서 가장 많이 사용된 용어는 **사랑을 뜻하는 “아합”**(אהב)이었다.

창 24:67, “이삭이 리브가를 인도하여 그의 어머니 사라의 장막으로 들이고 그를 맞이하여 아내로 삼고 사랑(아합, אהב)하였으니”

1) 여호와 하나님께서 살 집으로 주신 가나안 땅에 들어간 이스라엘 백성이 가나안의 풍요신 바알을 섬기자 하나님은 그분을 남편 혹은 주인을 의미하는 바알로 부르지 못하게 하신 것이다.

3. 선택: 야훼와 이스라엘의 관계

성경 기자는 선택 주제를 인간의 결혼관계 비유를 통해 설명하고 있다. **그들은 야훼와 이스라엘 관계를 설명하기 위해 결혼형식과 결혼용어를 채용**했다. 야훼의 이스라엘 선택은 그 자체가 야훼와 이스라엘 사이의 결혼이었다. 야훼는 신랑으로서 이스라엘을 아내로 택한 것이다.

> 사 54:5, "이는 너를 지으신 이가 네 남편이시라 그의 이름은 만군의 여호와이시며 네 구속자는 이스라엘의 거룩한 이시라 온 땅의 하나님이라 일컬음을 받으실 것이라"

이와 같은 전망에서 볼 때, 출애굽과 가나안 정착은 다음과 같다. 신랑이 가서(신 4:34, "어떤 신이 와서 시험과 이적과 기사와 전쟁과 강한 손과 편 팔과 크게 두려운 일로 한 민족을 다른 민족에게서 인도하여 낸 일이 있느냐") 신부를 자기의 처소로 데려와서 살 거처를 마련해 주었다.

> 신 4:37-38, "여호와께서 네 조상들을 사랑(아합 אהב)하신 고로 그 후손인 너를 택하시고 큰 권능으로 친히 인도하여 애

굽에서 나오게 하시며 너보다 강대한 여러 민족을 네 앞에서 쫓아내고 너를 그들의 땅으로 인도하여 들여서 그것을 네게 기업으로 주려 하심이 오늘과 같으니라”

이제 야훼 하나님은 이스라엘을 자신의 소유로 삼으시고 **이스라엘에 대한 당신의 소유권**(주권 Lordship)**을 행하신다.** 그러므로 선지자 **예레미야는 시내산에서 맺어진 야훼와 이스라엘 사이의 계약을 하나님과 이스라엘 사이에 이뤄진 결혼으로 이해**하고 있다:

렘 31:31-33, “여호와의 말씀이니라 보라 날이 이르리니 내가 이스라엘 집과 유다 집에 새 언약(계약)을 맺으리라 이 언약은 내가 그들의 조상들의 손을 잡고 애굽 땅에서 인도하여 내던 날에 맺은 것과 같지 아니할 것은 내가 그들의 남편이 되었어도 그들이 내 언약을 깨뜨렸음이라 여호와의 말씀이니라 그러나 그날 후에 내가 이스라엘 집과 맺을 언약(계약)은 이러하니 곧 내가 나의 법을 그들의 속에 두며 그들의 마음에 기록하여 나는 그들의 하나님이 되고 그들은 내 백성이 될 것이라”[2]

2) 시내산 계약 관점에서 예언 활동한 예레미야
예레미야는 시내산 계약관점에서 예언을 하며 계약의 내용대로 저주(ארר)를 에스겔 또한 계약을 결혼의 관점에서 보았다. 그는 이스라엘의 출생과 성장을 **한 '소녀의 비유'**로 묘사하고 있다.

> 겔 16:1-8, "또 여호와의 말씀이 내게 임하여 이르시되 … 네 때가 사랑을 할 만한 때라 내 옷으로 너를 덮어 벌거벗은 것을 가리고 네게 맹세하고 언약하여 너를 내게 속하게 하였느니라"

여기서 사랑을 할 만한 때, 치마(스커트)로 덮는 행위, 벌거벗음을 가려주는 행위. 그리고 하나님께 속한 행위 등은 **결혼관계 이미지들**이다. 그러므로 에스겔에게 있어서 야훼가 이스라엘과 계약관계에 들어가는 것은 결혼관계에 들어가는 것으로 이해되었다. 계약을 맺음으로써 야훼는 이스라엘에 대한 소유권을 갖게 된다.

이 특별한 관계에 기초하여 **도덕원리**가 확립되매 이스라엘에게는 **윤리적 책임이 부과**된다. 그들 앞에 결코 다른 신들을 둘 수 없으며(출 20:1, 2, 23), 다른 신들을 섬길 수도

선포하는 눈물의 선지자였다. 저주는 앞에서 살펴본 바와 같이 예루살렘 파괴와 바벨론 포로였다. 그러나 모든 선지자들이 그랬듯이 하나님의 은혜와 자비로 장차 회복될 희망을 선포하였다. 회복(restoration)은 결혼관점에서 보면 재혼이었다.

없다(출 20:5, 신 6:14). **야훼의 질투**(출 20:5, 34:14, 신 4:24, 5:9, 6:15)와 **야훼의 분노는 이 관계에 뿌리**를 둔다. 남편으로서 야훼 하나님은 이스라엘에게 거처할 땅을 약속하고 제공하셨고, 그럼으로써 먹을 양식을 제공하고 원수들로부터 보호와 안전, 그리고 즐길 수 있는 번영을 제공하신다. 역으로, 야훼 하나님은 신부 편의 절대적 충성과 정절(신실함)을 요구하셨다.

이 결혼 테마는 선지자 **호세아**, **예레미야**, **에스겔**에게서 훨씬 더 포괄적으로 이해되었다. 호세아는 자신의 아내 고멜과의 비극적 결혼을 하나님과 음부 이스라엘과의 결혼에 비유하고 있다. 하나님은 호세아에게 아들 이름을 "로암미"라 부르라고 명령하시는데, 그 이유는 "이스라엘은 나의 백성이 아니며 나는 너희의 하나님이 아니기" 때문이었다(호 1:9). **야훼는 마음속에 이스라엘의 선택**(election)**을 결혼으로 간주하시고, 그들에 대한 배척**(rejection)**을 이혼으로 생각하신다**:

> 렘 3:8, "내게 배역한 이스라엘이 간음을 행하였으므로 내가 그를 내쫓고 이혼서까지 주었으되"

북왕국의 멸망과 앗수르에 의한 추방은 남편에 대한 불성실 때문에 집에서 쫓겨난 이혼 당한 여자에 비유된다.[3)]이스라엘에 대한 **회복**(Restoration)**에 대한 개념은 재결혼 비유**(메타포)**에 의해 묘사**된다.

> 사 54:6-8, "여호와께서 너를 부르시되 마치 버림을 받아 마음에 근심하는 아내 곧 어릴 때에 아내가 되었다가 버림을 받은 자에게 함과 같이 하실 것임이라 네 하나님께서 말씀하셨느니라 내가 잠시 너를 버렸으나 큰 긍휼로 너를 모을(재결혼) 것이요 내가 넘치는 진노로 내 얼굴을 네게서 잠시 가렸으나 영원한 자비로 너를 긍휼히 여기리라 네 구속자 여호와께서 말씀하셨느니라"
>
> 사 62:4-5, "다시는 너를 버림받은 자라 부르지 아니하며 다시는 네 땅을 황무지라 부르지 아니하고 오직 너를 헵시바라 하며 네 땅을 쁄라라 하리니 이는 여호와께서 너를 기뻐하실 것이며 네 땅이 결혼(merriage)한 것처럼 될 것임이라 마치

3) 가나안 땅의 군대를 심판하시기 위해**(헤렘 Herem, 도덕적인 심판으로서의 하나님께 바쳐진 전쟁)** 이스라엘을 군대로 소집하신 전사 야훼는 가나안 땅에서 이스라엘이 반역하자 앗수르와 바벨론을 징계의 막대기 혹은 여호와의 군대로 소집하여 이스라엘 군대를 심판하신다[앗수르-"진노의 막대기"(사 10:5-14), "내 종 느부갓네살"(렘 25:9), 고레스-"메시야 혹은 기름부음 받은 자"(사 45:1)].

청년이 처녀와 결혼함 같이 네 아들들이 너를 취하겠고 신랑이 신부를 기뻐함 같이 네 하나님이 너를 기뻐하시리라"[4]

4. 전사(戰士): 하나님과 징병된 군대 이스라엘

선택 사상 또한 이스라엘이 주변 환경의 여러 나라들과 마주친 것에서 비롯된 것은 그리 놀라운 일이 아니다. 왜냐하면 이스라엘의 민족 신으로서 야훼는 항상 이스라엘 전쟁사(戰爭史)에서 매우 중요한 역할을 했기 때문이다. **"선택하다"(to choose)는 뜻의 히브리어 동사 바할 그리고 페코드는 구약성경에서 전쟁을 배경으로 하여 발견된다.**

전사(戰士, Divine Warrior)이신 야훼 하나님(출 15:3, "야훼는 전사이시다" 시 78:65, 사 42:13, 렘 20:11)은 이방 신들을 심판하시는 도덕적인 전쟁[5]에서 이스라엘을 당신의 **군대로 징병, 고용**하신

4) 호세아서를 통해 보여주신 바와 같이 하나님의 사랑은 배신과 반역을 능가하는 사랑, 고뇌 속의 사랑이다. **'고엘'(속전)**을 갖고서 반역한 아내, 음녀가 된 고멜을 찾아와 데리고 사는 호세아처럼, 하나님은 음녀 이스라엘을 아브라함 계약을 기억하시고 그 크신 사랑과 자비(헤세드) 때문에 다시 데려와 재결혼(restoration)하여 사신다. 하나님은 **"고엘의 하나님"**이시다. 예수님이 흘리신 피는 우리의 구속을 위해 하나님이 지불하신 속전, 곧 고엘이다.

5) 혹자는 만일 여호와가 가나안 땅의 부족들을 도덕적으로 심판하지 않았다면, 지금의 인류 역사는 도덕적으로 훨씬 더 부패했을 것이라고 주장한다.

다. 그러므로 야훼 하나님은 항상 이스라엘의 전쟁에 개입하셔서 그들을 위해 싸우신다. 이 전쟁 경험들을 통하여 이스라엘은 하나님과의 특별한 관계를 인식했다. 그러므로 '**선택' 용어가 군사용어에서 온 것은 의미심장하다**. 그렇기 때문에 선택개념을 더 분명하게 알기 위해서 우리는 이 전쟁 용어들을 살펴볼 필요가 있다.

5. 전쟁 용어

(1) 바칼(בהל)

"바칼"은 히브리 성경에서 **선택신학**을 나타내는 가장 중요한 용어이다(198회). 바칼은 **'선택하다'**(to choose), **'뽑다'**(to select)라는 의미이다. 그러나 많은 경우 바칼은 **'징병하다'**(to levy), 혹은 **'모병하다'**(to recruit)라는 의미를 전달하는 전쟁 배경에서 발견된다. 출애굽 이후, 이스라엘은 먼저 르비딤에서 아말렉과 싸워야 했다. 그래서 모세는 여호수아에게 명령을 내린다.

출 17:9, "모세가 여호수아에게 이르되 우리를 위하여 사람들을 택하여 나가서 아말렉과 싸우라 내일 내가 하나님의 지팡이를 손에 잡고 산꼭대기에 서리라"

모세의 명령에 의하면, 선봉장인 여호수아는 이스라엘 사람 가운데서 **'군인들을 선택하여'** 아말렉과 싸워야 했다. 지도자에 의한 사람의 선택은 전쟁에 징병되는 한 과정이었다.

바칼은 또한 **제사장의 선택**뿐만 아니라(삼상 2:28) **다윗**(대상 28:4, 대하 6:6)과 **솔로몬**(대상 28:6)의 선택에도 사용된다.

(2) 페코드(פקד)

"페코드"는 다양한 의미를 지닌다: **'지명하다'**(to appoint), **'수를 헤아리다'**(to number), **'소집하다'**(to muster), **'방문하다'**(to visit), **'시험하다'**(to examine, 욥 7:18) 등이다. 일반적으로 이 말은 '방문하다'는 뜻으로 사용된다. 그것이 야훼 하나님께 적용될 때, 하나님은 은혜 안에서 그의 백성을 찾아오신다(창 21:1, 50:24, 25, 출 4:31, 룻 1:6, 삼상 2:21, 시 8:5, 습 2:7).

더욱이 페코드는 군사용어이다. 전쟁이 발발할 때 군사

지도자는 백성들을 불러서 군인을 징발하며 그들 가운데서 두령들과 관료들을 뽑아 세운다.

> 수 8:10, "여호수아가 아침에 일찍이 일어나서 백성을 점호하고 이스라엘 장로들과 더불어 백성에 앞서 아이로 올라가매"

여기서 페코드는 **'소집(점고)하다'**(to muster)라는 의미로 사용되고 있다. 특히 야훼 하나님은 그의 군대를 징발하시는 분으로 묘사되고 있다. 민수기 1장의 인구조사(센서스)는 "전쟁에 나갈 수 있는 20세 이상 된 남자"(민 1:2, 3, 20)의 수에 관심을 기울이고 있다. 그러므로 인구 계수는 단순한 인구조사 이상의 의미를 가진다. 이사야 13장 4절에서 우리는 전쟁을 위해 군대를 모으시는 야훼 하나님의 모습을 분명히 볼 수 있다.

> 사 13:4, "산에서 무리의 소리가 남이여 많은 백성의 소리 같으니 곧 열국 민족이 함께 모여 떠드는 소리라 만군의 여호와께서 싸움을 위하여 군대를 검열(mustering)하심이로다"

페코드가 야훼께 사용될 때, 그것은 주로 **'선택의 문맥'**에서 사용된다. 예레미야를 선지자로 지명하셨다고 말씀하셨다. 바사(페르시아)의 고레스(Cyrus) 왕은 하늘의 하나님께서 자기를 지명하여 예루살렘에 집을 건축하게 하셨다고 했다(대하 36:23). 생의 막바지에 모세는 야훼 하나님께서 자기 뒤를 이을 후계자를 지명(페코드)해 달라고 요구했다.

6. 전쟁에서의 야훼와 이스라엘

이스라엘 전쟁[6]은 야훼와 긴밀히 연관되어 있다. 출애굽과 가나안 정복시에 이스라엘 전체는 "군대"로 불렸다. 무교병 절기에 관한 규례를 주실 때, 야훼 하나님은 이스라엘을 군대로 부르셨다.

> 출 12:17, "너희는 무교절을 지키라 이 날에 내가 너희 군대를 애굽 땅에서 인도하여 내었음이니라 그러므로 너희가 영원한 규례로 삼아 대대로 이 날을 지킬지니라"

6) 가나안 원주민을 상대하는 하나님의 전쟁 헤렘(Herem)은 도덕적인 심판으로서의 전쟁이며, 전사(戰士)이신 하나님은 이 전쟁을 위해 이스라엘을 군사로 징집하신다.

더 나아가서 출애굽기 7장 4절에서, 이스라엘은 야훼 하나님의 군대로 불리고 있다.

> 출 7:4, "바로가 너희의 말을 듣지 아니할 터인즉 내가 내 손을 애굽에 뻗쳐 여러 큰 심판을 내리고 내 군대, 내 백성 이스라엘 자손을 그 땅에서 인도하여 낼지라"

출애굽 후에 성경 기자는 **"야훼의 모든 군대"**가 애굽에서 나왔다고 말한다(출 12:41). 그리고 드보라의 노래에서 **야훼의 백성은 전사**(戰士)**들로 동일시**되고 있다(삿 5:13).

만일 이스라엘 백성이 야훼의 군대라면, 이 주제와 관련하여 야훼는 어떻게 묘사되고 있는가? 바다의 노래(The Song of the Sea)에서 **야훼는 '전사, 이스라엘의 전쟁 지도자'**로 제시된다.

> 출 15:3, "야훼는 용사(전사)시니 야훼는 그의 이름이시로다"

야훼는 파라오의 병거들을 깊은 바닷속에 던지셨고(출 15:4), 그의 오른손으로 바로의 군대를 흩으셨다(출 15:6). 더욱이 **이스라엘을 대적하는 세력은 하나님을 대적하는 하**

나님의 적으로 간주되었다(출 15:7). 그러므로 **이스라엘을 대항하는 전쟁은 하나님 자신을 대항하는 전쟁**이었다. 이 사실을 이스라엘의 대적들은 분명히 이해했다. 이스라엘을 추격하던 애굽 사람들이 바다에서 어려움에 직면했을 때 그들은 소리쳤다(출 14:25).

> 출 14:24-25, "새벽에 여호와께서 불과 구름 기둥 가운데서 애굽 군대를 보시고 애굽 군대를 어지럽게 하시며 그들의 병거 바퀴를 벗겨서 달리기가 어렵게 하시니 애굽 사람들이 이르되 이스라엘 앞에서 우리가 도망하자 여호와가 그들을 위하여 싸워 애굽 사람들을 치는도다(Yahweh is fighting for them against Egyptians)"
> 삼상 4:8, "우리에게 화로다 누가 우리를 이 능한 신들의 손에서 건지리요 그들은 광야에서 여러 가지 재앙으로 애굽인을 친(against Egyptians) 신들이니라"

그러므로 이스라엘의 대적은 그들이 벌이는 전쟁이 단순히 이스라엘 족속을 대항하는 전쟁일 뿐만 아니라 야훼를 대항하는 전쟁임을 알았다. 마찬가지로 **야훼 하나님 자신은 이스라엘의 대적과 대항하는 전쟁을 그들의 신들을 대**

항하는 전쟁으로 간주하셨다. 이런 경우, 최고신 야훼 하나님은 그들의 신들에게 벌 주시는 분으로 묘사되었다. 그래서 애굽 장자의 죽음은 애굽의 신들에 대한 심판으로 말해진다.

> 출 12:12, "내가 그 밤에 애굽 땅에 두루 다니며 사람이나 짐승을 막론하고 애굽 땅에 있는 모든 처음 난 것을 다 치고 애굽의 모든 신을 내가 심판하리라 나는 여호와라"

그러므로 이스라엘에게 있어서 전쟁은 **야훼의**(of) **전쟁, 야훼와 함께하는**(with) **전쟁, 야훼를 위한**(for) **전쟁**이었다. 골리앗의 도전을 받았을 때 다윗은 블레셋을 향해 이렇게 말했다.

> 삼상 17:45, "너는 칼과 창과 단창으로 내게 나아 오거니와 나는 만군의 여호와의 이름 곧 네가 모욕하는 이스라엘 군대의 하나님의 이름으로 네게 나아가노라"

더욱이 다윗은 이스라엘 군대를 살아계신 **하나님의 군대**로 말하였고(삼상 17:26, 36), 그는 **야훼의 전쟁을 싸우는 자**라고 말했다(삼상 18:17, 25:18).

이사야 13장(바벨론에 대한 신탁)은 전사이신 야훼 하나님의 다른 면을 보여준다. 3절에서, 야훼는 그의 군대를 불러 모으신다.

> 사 13:3-4, "내가 거룩하게 구별한 자들에게 명령하고 나의 위엄을 기뻐하는 용사들을 불러 나의 노여움을 전하게 하였느니라 산에서 무리의 소리가 남이여 많은 백성의 소리 같으니 곧 열국 민족이 함께 모여 떠드는 소리라 만군의 여호와께서 싸움을 위하여 군대를 검열하심이로다"

이사야 13장은 야훼 하나님을 우주의 주권자로, 그리고 이스라엘을 위해 싸우시는 **'거룩한 전사'**(Divine Warrior)로 묘사한다.

7. 하나님과 이스라엘의 관계 메타포들

(1) 아버지와 아들(Father-Son)

"아버지-아들" 관계는 야훼 하나님이 이스라엘을 선택하신 것을 묘사하는 한 다른 독특한 면이다. 야훼는 이스라엘을 당신 자신의 아들로 입양하셔서 상속자로 삼으신다.

> 렘 31:9, "나는 이스라엘의 아버지요 에브라임은 나의 장자니라"
> 출 4:22-23, "너는 바로에게 이르기를 여호와의 말씀에 이스라엘은 내 아들 내 장자라 내가 네게 이르기를 내 아들을 보내 주어 나를 섬기게 하라 하여도 네가 보내 주기를 거절하니 내가 네 아들 네 장자를 죽이리라 하셨다 하라"
> 호 11:1, "이스라엘이 어렸을 때에 내가 사랑하여 내 아들을 애굽에서 불러냈거늘"
> 렘 3:19, "내가 다시 말하기를 너희가 나를 나의 아버지라 하고 나를 떠나지 말 것이니라 하였노라"
> 시 89:27-28, "내가 또 그를 장자로 삼고 세상 왕들에게 지존자가 되게 하며 그를 위하여 나의 인자함을 영원히 지키고 그와 맺은 나의 언약을 굳게 세우며"

야훼 하나님은 땅의 소유주이시다(레 25:23). 야훼는 상속자인 당신의 백성에게 땅 가운데 가장 좋은 부분을 주시고 자 하신다(참조. 창 17:7-8).

(2) 주인과 종(Master-servant)

레위기 25장 55절에서 야훼 하나님은 선포하신다.

> 레 25:55, "이스라엘 자손은 나의 종들이 됨이라 그들은 내가 애굽 땅에서 인도하여 낸 내 종(servant)이요 나는 너희의 하나님 여호와이니라"

또한 이사야 41장 8절에서, 하나님께서는 이스라엘을 종으로 선택하셨다고 말씀하신다:

> 사 41:8, "그러나 나의 종 너 이스라엘아 내가 택한 야곱아 나의 벗 아브라함의 자손아"

야훼 하나님께서 이스라엘을 파라오의 속박에서 구출하셨을 때, 하나님께서는 히브리인들을 종으로 파는 것을 허락하지 않으셨다. 왜냐하면 히브리인들은 하나님이 애굽 땅에서 인도하여 내신 종들이었기 때문이다(레 25:42).

야훼 하나님께서 **이스라엘을 종으로 부르신 것은 야훼 하나님의 왕권**(the Kingship of Yahweh)**과 깊은 연관**이 있다. 이스라엘 백성들이 사무엘에게 왕을 요구했을 때, 백성들의 요구를 기쁘게 여기지 않은 사무엘에게 하나님은 이렇게 말씀하셨다: "그들이 나를 버려 자기들의 왕이 되지 못하게 함이니라"(삼상 8:7-8).

야훼 하나님은 이스라엘 왕이셨다(비교. 삼상 12:12). 이스라엘은 하나님을 거룩한 제판장과 전사로 섬겨야만 했다. 그러나 그들은 하나님을 버리고 다른 신들을 왕으로 섬기기 시작했다.

> 사 33:22, "대저 여호와는 우리의 재판장이시요 여호와는 우리에게 율법을 세우신 이요 여호와는 우리의 왕이시니 그가 우리를 구원하실 것임이라"

실상 이스라엘은 어머니의 자궁에서부터 야훼 하나님의 종으로 선택받았다(비교. 사 49:5). 그러나 이스라엘이 하나님을 거역했을 때, **이스라엘에 대한 하나님의 배척은 마치 주인이 종을 파는 개념과 동일**하다. 신명기 28장 68절에서 야훼는 배교(背敎)의 경우, 이스라엘 백성을 팔겠다는 경고를 주셨다.

> 신 28:68, "여호와께서 너를 배에 싣고 전에 네게 말씀하여 이르시기를 네가 다시는 그 길을 보지 아니하리라 하시던 그 길로 너를 애굽으로 끌어가실 것이라 거기서 너희가 너희 몸을 적군에게 남녀 종으로 팔려 하나 너희를 살 자가 없으리라"

실제로 이스라엘이 여호와 보시기에 악을 행했을 때, 하나님은 그들을 파셨다.

> 삿 4:2, "여호와께서 하솔에서 통치하는 가나안 왕 야빈의 손에 그들을 파셨으니 그의 군대 장관은 하로셋 학고임에 거주하는 시스라요 야빈 왕은 철 병거 구백 대가 있어 이십 년 동안 이스라엘 자손을 심히 학대했으므로 이스라엘 자손이 여호와께 부르짖었더라"

하나님의 종 이스라엘은 야훼 하나님을 섬기며(예배), 절기를 준수하며, 제사를 드리며, 하나님의 이름을 증거하는 삶을 살도록 선택받았다. 이 **책임에 대한 실패는 이스라엘에 대한 하나님의 배척**(Rejection)이었다.

(3) 농부와 포도원(Farmer-Vineyard)

야훼 하나님은 이스라엘을 **"나의 포도원"**(사 5:3, 5)으로 부르신다. 그리고 최상의 포도나무를 심는다고 말씀하신다(사 5:2, 렘 2:21). 그러므로 이 비유는 이스라엘에 대한 야훼의 선택을 묘사한 것이다. **"포도원 노래"**(사 5장)에서, 야훼 하나님은 심는 자, 이스라엘은 포도원에 비유된다. 거룩하신 분은 포도나무가 좋은 열매 맺기를 바라셨다.

고대 이스라엘은 고대 근동의 다른 국가들처럼 농경사회였기 때문에 "포도원의 비유"를 생생히 이해할 수 있었다. 그들에게 포도원은 양식의 자원이었다. 포도원은 친족 외부인에게 팔 수 없었는데, 그 이유는 조상들이 물려준 기업이었기 때문이다(왕상 20:3). "포도원 비유"의 초점은 **야훼 하나님이 포도원(땅)의 주인으로서 좋은 열매를 맺도록 이스라엘을 옮겨 심으셨다**는 것이다.

그러므로 좋은 열매 맺지 못하는 이스라엘의 실패는 하나님이 주신 땅에서의 **배척**(rejection)과 **추방**(exile)이었다:

> 신 29:28, "여호와께서 또 진노와 격분과 크게 통한하심으로 그들을 이 땅에서 뽑아내사 다른 나라에 내던지심이 오늘과

같다 하리라"(비교. 왕상 14:15, 렘 12:14-15, 암 9:15, 대하 7:20)

그러므로 **회복**(Restoration)**은 야훼께서 이스라엘을 되돌려서**(추방당한 땅에서) **다시 약속하신 땅에 심는 것**이다.

암 9:15, "내가 그들을 그들의 땅에 심으리니 그들이 내가 준 땅에서 다시 뽑히지 아니하리라 네 하나님 여호와의 말씀이니라"(참조. 렘 24:6, 31:27-28, 42:10, 45:4)

(4) 목자와 양(Shepherd-Sheep)

시편 95편에서 시편 기자는 이스라엘 백성을 권고한다.

시 95:6-7, "오라 우리가 굽혀 경배하며 우리를 지으신 여호와 앞에 무릎을 꿇자 그는 우리의 하나님이시요 우리는 그의 기르시는 백성이며 그의 손이 돌보시는 양이시기 때문이라 너희가 오늘 그의 음성을 듣거든"

이 시편에 의하면, 야훼는 이스라엘을 지으신 이시며 이스라엘은 **하나님의 보살핌 아래 있는 양**이다.

민수기 26:17에서 보듯이, 목자의 역할은 양떼 앞에서 양떼를 목장과 물 있는 곳으로 인도하는 것이다. 또 목자는 양떼를 야수로부터 지켜야 한다(삼상 17:34-36). 야곱이 고백한 것처럼(창 31:38-40), 목자는 밤낮으로 양떼를 지켜서 양 한 마리라도 잃어버리지 말아야 한다(참조. 겔 34:12-16).

시편 78:52-55에 의하면, **출애굽 사건은 목자이신 야훼 하나님이 광야를 거쳐 그의 목장으로 양떼를 인도하시는 사건**이다(참조. 시 77:20-21, 시 80:2, 사 63:1).

(5) 토기장이와 토기

하나님과 이스라엘의 관계를 설명하는 다른 한 비유는 "토기장이와 토기"이다.

> 사 64:8, "그러나 여호와여, 이제 주는 우리 아버지시니이다 우리는 진흙이요 주는 토기장이시니 우리는 다 주의 손으로 지으신 것이니이다"

주권을 가지신 토기장이이신 야훼는 그분이 원하시는 어떤 형태도 만드실 수 있다. 또한 만드신 것이라면 무엇이

든지 깨뜨린 다음 당신의 뜻을 따라 다시 만드실 수 있다.

렘 18:1-4, "이르시되 너는 일어나 토기장이의 집으로 내려가라 내가 거기에서 내 말을 네게 들려주리라 하시기로 내가 토기장이의 집으로 내려가서 본즉 그가 녹로로 일을 하는데 진흙으로 만든 그릇이 토기장이의 손에서 터지매 그가 그것으로 자기 의견에 좋은 대로 다른 그릇을 만들더라"

같은 원리가 이스라엘에게도 적용된다.

렘 18:6, "이스라엘 족속아 이 토기장이가 하는 것 같이 내가 능히 너희에게 행하지 못하겠느냐 이스라엘 족속아 진흙이 토기장이의 손에 있음 같이 너희가 내 손에 있느니라"

8. 야훼의 거룩한 백성

야훼 하나님은 이스라엘에게 명령하신다.

레 20:26, "너희는 나에게 거룩할지어다 이는 나 여호와가

> 거룩하고 내가 또 너희를 나의 소유로 삼으려고 너희를 만민 중에서 구별(set apart)하였음이니라"

성전 봉헌 기도에서 솔로몬은 하나님의 성별(聖別)하신 뜻을 언급하고 있다.

> 왕상 8:53, "주 여호와여 주께서 우리 조상을 애굽에서 인도하여 내실 때에 주의 종 모세를 통하여 말씀하심 같이 주께서 세상 만민 가운데에서 그들을 구별하여 주의 기업으로 삼으셨나이다"

"카도쉬"는 '성별하다'는 뜻으로, **제의적(祭儀的) 규례의 영역**에서 가장 두드러지게 발견된다. 이 말이 한 사람이나 사회 집단에 쓰일 때 **'분리하다'**(to set apart), 또는 **'바쳐지다'**(to be devoted), 또는 '선택받다'(to be chosen)는 뜻을 지닌다(참조. 렘 1:5, 삼상 16:5, 출 29:1, 민 8:16, 17, 신 7:6).

"여호와께 거룩한 백성"(A holy people to Yahweh)이란 말은 의식적(儀式的)이거나 도덕적 성결을 의미하지 않는다. 반대로, 그 말은 **야훼와 그의 백성 사이의 관계**를 말한다. 그러므로 **"여호와께 바쳐진 백성"** 혹은 **"야훼께 헌신된 백성"**이라고 해석되어야 한다. 이스라엘은 **암 카도쉬**(עם קדש), 즉 거룩한 백성, 거룩한 나라(출 19:6), 거룩한 양떼(겔 36:38)이다.[7)]

지금까지 우리는 아브라함의 계약과 선택을 기점으로 하나님과 이스라엘 백성의 관계를 고찰했다. 하나님께서는 여러 가지 비유(메타포)를 통하여 이스라엘과 자신의 관계를 말씀하셨다. 그러면 그들을 **선택하신 목적**은 무엇인가?

첫째, **하나님과의 교제**(fellowship)를 위해서이다(레 26:11, 12). 하나님께서 택하신 백성에게 거하시고 그들 가운데서 행하시기 위함이다. 거룩하신 하나님이 함께 하시므로 이스라엘 역시 거룩함을 요구받았던 것이다.

둘째, **하나님을 섬기도록**(service) 택함을 받았다. 야훼 하나님께서 이스라엘을 종으로 선택하셨다. 야훼의 종으로서 이스라엘은 하나님을 섬기고 하나님이 정하신 절기를 지키고 제물을 드렸다. 말하자면 야훼는 이스라엘을 제사장 나라(a kingdom of priest, 출 19:6)가 되기를 원하셨던 것이다.

그리고 **이스라엘이 감당해야 할 다른 중요한 봉사는 증**

---

7) 야훼 미 카모카(Yahweh Mi Kamokah)
바다의 노래(Song of the sea, 출 15:11)에서부터 시작되어 성경 전체에 걸쳐 계속 울려 퍼지는 이 고백(찬양)으로 이스라엘은 하나님을 절대화하고 세상의 모든 신들을 상대화했다 (참조. 시 71:19, 89:6, 8, 113:5, 왕상 8:23 등).

거(a role of witness)였다. 하나님은 이스라엘을 통해서 당신을 세상에 알리기 위해서 선택하셨다: "온 땅은 야훼의 것이다"(출 9:29). 그리고 하나님은 세상 어떤 신들보다도 더 위대하신 분이다(출 18:11 참조: 야훼 미 카모카). 이스라엘을 통하여 야훼 하나님은 기적과 놀라운 일들을 행하심으로써 당신의 존재와 능력을 이스라엘에게만 아니라 열방에도 알리셨다. 그러므로 이스라엘은 하나님을 증거하기 위한 도구로 사용되었다.

"종의 노래"(The Servant Songs)에서 이스라엘의 종 됨(servantship)을 말한다.

> 사 43:10-12, "나 여호와가 말하노라 너희는 나의 증인, 나의 종으로 택함을 입었나니 이는 너희가 나를 알고 믿으며 내가 그인 줄 깨닫게 하려 함이라 나의 전에 지음을 받은 신이 없었느니라 나의 후에도 없으리라 나 곧 나는 여호와라 나 외에 구원자가 없느니라 내가 알려 주었으며 구원하였으며 보였고 너희 중에 다른 신이 없었나니 그러므로 너희는 나의 증인이요 나는 하나님이니라 여호와의 말씀이니라"

이스라엘은 하나님의 증인이 되기 위해 종으로 선택받아 야훼만이 구주시며 하나님 홀로 자존하심을 증거해야 했다(사 41:8, 44:1-2, 8, 21, 49:3-6). 그렇게 되기 위해서 이스라엘은 하나님을 알고 하나님을 믿어야 했다.

9. 신약의 메타포들

바울이 사용한 메타포는 다음과 같다.

(1) 그리스도의 신부

고후 11:2, "내가 하나님의 열심으로 너희를 위하여 열심을 내노니 내가 너희를 정결한 처녀로 한 남편인 그리스도께 드리려고 중매함이로다"

(2) 경기자

딤후 2:5, "경기하는 자가 법대로 경기하지 아니하면 승리자의 관을 얻지 못할 것이며"

딤후 4:7-8, “나는 선한 싸움을 싸우고 나의 달려갈 길을 마치고 믿음을 지켰으니 이제 후로는 나를 위하여 의의 면류관이 예비되었으므로 주 곧 의로우신 재판장이 그날에 내게 주실 것이며 내게만 아니라 주의 나타나심을 사모하는 모든 자에게도니라”

히 12:1-2, “이러므로 우리에게 구름같이 둘러싼 허다한 증인들이 있으니 모든 무거운 것과 얽매이기 쉬운 죄를 벗어 버리고 인내로써 우리 앞에 당한 경주를 하며 믿음의 주요 또 온전하게 하시는 이인 예수를 바라보자”(예수께 시선을 고정하라)

고전 9:24-27, “운동장에서 달음질하는 자들이 다 달릴지라도 오직 상을 받는 사람은 한 사람인 줄을 너희가 알지 못하느냐 너희도 상을 받도록 이와 같이 달음질하라 이기기를 다투는 자마다 모든 일에 절제하나니 그들은 썩을 승리자의 관을 얻고자 하되 우리는 썩지 아니할 것을 얻고자 하노라 그러므로 나는 달음질하기를 향방 없는 것 같이 아니하고 싸우기를 허공을 치는 것 같이 아니하며 내가 내 몸을 쳐 복종하게 함은 내가 남에게 전파한 후에 자신이 도리어 버림을 당할까 두려워함이로다”

(3) 군사

딤후 2:3, "너는 그리스도 예수의 좋은 병사로 나와 함께 고난을 받으라 병사로 복무하는 자는 자기 생활에 얽매이는 자가 하나도 없나니 이는 병사로 모집한 자를 기쁘게 하려 함이라"

(4) 일꾼

딤후 2:15, "너는 진리의 말씀을 옳게 분별하며 부끄러울 것이 없는 일꾼으로 인정된 자로 자신을 하나님 앞에 드리기를 힘쓰라"

(5) 그릇

딤후 2:20-21, "큰 집에는 금 그릇과 은 그릇뿐 아니라 나무 그릇과 질그릇도 있어 귀하게 쓰는 것도 있고 천하게 쓰는 것도 있나니 그러므로 누구든지 이런 것에서 자기를 깨끗하게 하면 귀히 쓰는 그릇이 되어 거룩하고 주인의 쓰심에 합당하며 모든 선한 일에 준비함이 되리라"

제6장

여호수아의 계약의 갱신(세겜)

카리스마를 지녔던 대지도자 모세가 죽고 난 후 리더십을 이어받은 여호수아는 수많은 큰 장애물들을 헤치고 이스라엘 백성을 하나님이 주시기로 맹세하신 약속의 땅으로 인도하여 정복한 땅을 분배하는 일을 감당한다. 이제 죽기 전, 세겜에서 여호수아는 지난날 이스라엘 백성이 **시내산에서 체결한 계약을 갱신**한다. 갱신 목적은 이스라엘 백성들로 하여금 **여호와의 계약백성으로서의 지위를 유지하기 위함**이었다(수 24장).

수 24:14-16, "그러므로 이제는 여호와를 경외[1]하며 온전함

1) 여호와 경외(Fear of God)

이 주제는 출애굽 시대부터 **지혜문학**에 이르기까지 대 주제 가운데 하나로 자리매김하고 있다. 히브리 산파 십브라('밝고 명랑하다')와 부아('입')는 하나님을 경외하므로 애굽 왕 파라오의 명을 거역하여 히브리 사내아이를 살려내었다(출 1:15). 이후 모세가 이스라엘의 해방자로 하나님의 손에 의해 쓰임 받게

과 진실함으로 그를 섬기라 너희의 조상들이 강 저쪽과 애굽에서 섬기던 신들을 치워버리고 여호와만 섬기라 만일 여호와를 섬기는 것이 너희에게 좋지 않게 보이거든 너희 조상들이 강 저쪽에서 섬기던 신들이든지 너희가 거주하는 땅에 있는 아모리 족속의 신들이든지 너희가 섬길 자를 오늘 택하라 오직 나와 내 집은 여호와를 섬기겠노라 하니 백성이 대답하여 이르되 우리가 결단코 여호와를 버리고 다른 신들을 섬기기를 하지 아니하오리니"

수 24:25, "그날에 여호수아가 세겜에서 백성과 더불어 언약을 맺고(계약을 짜르고, כרת ברית to cut a covenant) 그들을 위하여 율례와 법도를 제정하였더라"

여호수아의 계약 갱신의 바탕은 모세가 시내산에서 하나님과 맺은 계약이다. 여호수아는 이스라엘 백성들이 계약백성으로서의 지위를 이탈하지 않고 그 계약 안에 머물도록 개혁을 단행한 것이다. 앞에서도 언급했지만, 계약을 파괴할 시는 저주가 임한다. 당시의 이스라엘 백성이나 오늘 우리 역시 축복의 산인 그리심 산과 저주의 산인 에발산 사이의 긴장 안에서 사는 존재들이다(신 11:26-29). 그리심

된 것도 하나님 경외에 연유한다.

산의 축복을 원한다면 **계약 안에 머물러**(수 22:5), 조심하여 하나님 여호와를 사랑하며(수 23:11), 여호와를 경외하며 진실함으로 섬겨야 한다(수 24:14).

제7장

다윗 계약(Davidic Covenant): 영원한 계약(베리트 올람 ברית עולם)

여호수아를 계승한 강력한 카리스마를 지닌 지도자는 없었다. 사사시대는 "이스라엘에 왕이 없으므로 백성들이 자기 소견에 좋을 대로 행하는"(삿 17:6, 18:1, 19:1, 21:25) 영적 암흑의 시대였다. 사사시대 이스라엘의 부모들은 하나님을 떠났고(계약위반), 그들의 자녀들을 신앙으로 교육하지 않았다. 그러므로 사사시대는 영적 암흑기였다.

하나님의 징계로 이스라엘은 다른 민족의 침입을 줄곧 받았다. 고통의 부르짖음을 들으시고 하나님은 **긍휼**[1]하심으로 사사들을 세워 이스라엘을 구원해 주셨다. 그러나 이스라엘은 주변 민족과의 역학관계 속에서 왕의 필요성을 느끼고서는 사무엘에게 왕을 요구했다.

1) 긍휼(레크밈: compassion)은 com(함께)+patti(고통당하다)는 뜻

이스라엘 백성은 하나님의 왕 되심의 신정(神政)을 싫어하여 왕을 요구했다. 최초로 왕으로 세움받은 사울[2]은 범죄하여-여호와 하나님의 말씀을 지키지 않고 또 신접한 자에게 가르치기를 청하고 여호와께 묻지 않았다(대상 10:13-14)-하나님께 버림을 받았다.

하나님은 사울을 폐하시고, 마음에 맞는 이새의 아들 다윗(행 13:22)을 찾아내셔서[3](시 89:20) "나의(그분의) 거룩한 기름을 부어 이스라엘의 왕으로" 세우셨다. 그리고 다윗의 왕위 계승은 이스라엘을 "여호와의 백성"으로 삼는 일이었다.

다윗은 우리아의 처 밧세바 일 외에는 오로지 하나님을 추구(사모)하고, 성전을 사모하고, 성심으로 예배하며, 섬기며, 기도로 인도를 구했다. 다윗을 선택하신 하나님은 은혜로 **영원한 계약**(ברית עולם)을 세우셨다.

---

2) 사울의 인격 장애

1) 수동 공격성 인격 장애(passive-aggressive personality disorder)
(삼상 10:22-23, 짐보따리 뒤에 숨은 자)

2) 편집성 인격 장애(paranoid personality disorder(현실을 왜곡되게 인식)

3) 반사회성 인격 장애(Antisocial personality disorder)
(사나토스의 충동을 제어하지 못해 자살, 삼상 20:33)

4) 강박증(Obsessive compulsive disorder)

5) 편집증(paranoia)

3) "찾아내다"는 '~을 뒤쫓다', '~을 따르다'라는 의미가 함축되어 있다(참조. 마 13:44).

삼하 7:16, “너와 네 나라가 내 앞에서 영원히 보전되고 네 왕위가 영원히 견고하리라”

시 89:3-4, “주께서 이르시되 나는 내가 택한 자와 언약을 맺으며 내 종 다윗에게 맹세하기를 내가 네 자손을 영원히 견고히 하며 네 왕위를 대대에 세우리라 하셨나이다”

시 132:11-12, “여호와께서 다윗[4]에게 성실히 맹세하셨으

---

4) 다윗과 밧세바

어떤 심리학자들은 밧세바를 외로움과 노출의 **‘연극성 인격장애’**를 지닌 자로 평가한다. 당시의 풍습에 의하면 장수들이 전장에 나갈 때 이혼증서를 주고 나갔는데, 그 까닭은 만일 전사할 경우 아내가 재혼할 수 있는 자유를 주기 위함이었다. 밧세바는 일광욕을 하면서 다윗을 유혹했다고도 해석한다. 그럴만한 개연성은 어느 여인이 목욕하면서 자신의 몸을 노출하겠는가? 집안 목욕탕에서 목욕했다면 쉽게 외간 남자의 눈에 노출되지 않았을 것이다. 다윗은 노출된 밧세바의 관능적인 몸매를 본 후 정욕의 포로가 되어 범죄했을 것이다. 밧세바를 또한 **양가감정**의 소유자로 해석한다. 다윗에게 몸을 맡긴 여인이 남편의 전사(戰死) 소식을 들은 후 울었다는 것은 그녀가 양가감정의 소유자였음을 간파할 수 있다.

솔로몬의 실패와 분열왕국의 역사

솔로몬은 부왕 다윗의 유언(왕상 2:2-4)대로 처음에는 하나님을 경외하고 사랑하여 큰 복을 받았지만, 부귀와 권세가 더하자 점점 하나님으로부터 멀어지기 시작했고, 이방 여인들과의 중첩 결혼과 그녀들이 가져온 이방신 숭배로 말미암아 하나님과의 **계약을 깨뜨리고 말았다**. 분열된 왕국의 역사는 몇몇 선왕을 제외하고 철저히 하나님에 대한 **배신과 범죄의 역사**였다(하나님은 선지자들을 계속 보내셨지만 그들은 듣지 않았다). 결국 북왕국은 **BC 722**년에 앗수르에 의해 멸망하고, 남유다는 BC 586년에 바벨론에 의해 멸망하고 말았다.

니 변하지 아니하실지라 이르시기를 네 몸의 소생을 네 왕위에 둘지라 네 자손이 내 언약과 그들에게 교훈하는 내 증거를 지킬진대 그들의 후손도 영원히 네 왕위에 앉으리라 하셨도다"

다윗 계약(왕국계약)은 하나님이 일방적으로(은혜로) 약속하신 계약이며, 시온과 관련된 **'궁정계약'**이다. 다윗 언약(계약)은 이스라엘 왕권의 기초가 되며 이스라엘 역사와 예언에 있어서 중요한 역할을 한다.[5)]

다윗 계약의 본질은 **'임마누엘'**(Immanuel)이다. 마지막으로, 다윗과 그 왕좌는 장차 오실 메시야(창 3:15, 최초의 복음-여자의 후손)의 통치를 예표한다.

하나님이 보내신 선지자들은 끊임없이 회개를 촉구했다. 그러면서 시내산 계약을 환기하면서 만일 돌아오지 않을 경우 파괴와 자주[6)] (아라르 ארר)가 임하겠지만, 회개하고

---

5) 에스라와 느헤미야는 모세계약을 강조하고 다윗신학의 중요성을 극소화한다.

6) 예레미야의 사명, 메시지와 시내산 계약
예레미야는 현저하게 **시내산 계약의 관점**에서 메시지를 전한다. 그는 계약이행에 따르는 축복과 계약파기에 따른 저주(혹은 재앙)를 목소리 높여 외친다. 그러나 이스라엘 백성은 그의 메시지를 받아들이지 않는다.

돌이키면 용서하시고 자비를 베풀어주실 것이라는 희망의 메시지를 전했다. 그러나 이스라엘 백성은 회개하지 않아 결국 남북 왕국은 멸망을 피할 수 없었다. 바벨론 포로(Babelon Captivity)는 간음과 음행으로 말미암아 남편(렘 3:2, 14, 31:32, 겔 16:45, 사 54:5, 호 2:16)으로부터 **'이혼증서'**(렘 3:8)를 받아 손에 들고 살던 집(가나안)에서 친정집으로 쫓겨가는 아내(음녀)의 모습이다.

예레미야에 의하면, 참 예언자와 거짓 예언자를 구분할 수 있는 표준(standard 혹은 critera)은 그가 **'하나님의 어전 회의'(Heavenly Council, 소드 סוד)**에 참여하여 하나님으로부터 직접 메시지를 받았는가 여부이다(렘 23:18). 그리고 단독적으로 예언활동을 하는가 아니면 집단적인가 하는 것이다. 거짓 예언자들은 집단적으로 활동하며 이를 위해 거짓 평안을 외쳐댔다. 예레미야는 약관 20세에 하나님의 꼬드김(파다: 유혹)을 받아 예언자가 되었는데, 참 예언을 받아들이지 않는 이스라엘 백성 때문에 예언 활동을 포기할 마음이 있었으나(렘 20:9) 끝까지 고난 속에서도 사명을 다했다.

*귀환과 종교개혁: 에스라와 느헤미야

에스라는 예루살렘 멸망을 이스라엘 백성이 **"하나님을 노엽게 했기"** 때문으로(스 5:12), 바벨론으로부터 귀환을 "하나님의 손의 도움으로"(스 7:6, 8:18) 혹은 "하나님의 손이 내 위에 있으므로"(스 7:28)로 고백한다. 느헤미야 또한 그렇게 고백한다(느 2:18).

제8장

새 계약(The New Covenant): 예레미야의 계약

선택받아 계약관계 속으로 들어간 이스라엘 백성은 **계약 이행**에 실패했다(앞에서 살펴본 바와 같이 추방과 바벨론 포로는 계약불이행에 따른 저주-이혼의 결과이다). 그런데 시내산 계약체결 시에 참여한 당대뿐만 아니라 그 이후의 모든 세대가 실상 계약체결에 참여했다. 예레미야는 그 사실을 지적한다.

> 렘 34:18, "송아지를 <u>둘로 쪼개고</u> 그 두 조각 사이로 지나매 내 앞에 언약을 맺었으나 그 말을 실행하지 아니하여"

시내산 계약체결 시, 하나님과 모세와 이스라엘이 쪼갠 짐승 사이를 통과했다는 직접적인 구절은 없으나 ***"모세가 피를 가지고 반은 여러 양푼에 담고 반을 제단에 뿌리고 … 그 피를 가지고 백성에게 뿌리며"***(출 24:6-8)라는 구절은 계약 짐승을 죽여 그 둘 사이를 지나는 행위와 동일함을 시사한다. 이처럼 계약체결에 참여한 당대의 이스라엘이나 그들의 조상 안에서 계약에 참여한 후대 모두가 실패했지만, 은혜로우신 하나님은 이스라엘의 배반과 실패를 능가하여(호세아서 참조) 창세기 3:15과 아브라함 계약을 이행해 나가신다.

하나님은 예레미야를 통해 새 계약을 세우신다.

> 렘 31:31-33, "여호와의 말씀이니라 보라 날이 이르리니 내가 이스라엘 집과 유다 집에 새 언약을 맺으리라 이 언약은 내가 그들의 조상들의 손을 잡고 애굽 땅에서 인도하여 내던 날에 맺은 것과 같지 아니할 것은 내가 그들의 남편이 되었어도 그들이 내 언약을 깨뜨렸음이라 여호와의 말씀이니라 그러나 그 날 후에 내가 이스라엘 집과 맺을 언약(계약)은 이러하니 곧 내가 나의 법을 그들의 속에 두며 그들의 마음에 기록하여 나는 그들의 하나님이 되고 그들은 내 백성이 될 것이라 여호와의 말씀이니라"
>
> 겔 36:24-28, "내가 너희를 여러 나라 가운데에서 인도하여 내고 여러 민족 가운데에서 모아 데리고 고국 땅에 들어가서 맑은 물을 너희에게 뿌려서 너희로 정결하게 하되 곧 너

희 모든 더러운 것에서와 모든 우상 숭배에서 너희를 정결 하게 할 것이며, 또 새 영을 너희 속에 두고 새 마음을 너희에게 주되, 너희 육신에서 굳은 마음을 제거하고 부드러운 마음을 줄 것이며 또 내 영을 너희 속에 두어 너희로 내 율례를 행하게 하리니 너희가 내 규례를 지켜 행할지라 내가 너희 조상들에게 준 땅에서 너희가 거주하면서 내 백성이 되고 나는 너희 하나님이 되리라"[1)]

70년간의 바벨론 포로생활을 마치고 귀환한 것은 쫓아냈던 아내를 다시 데려와 사는 **'재혼'**과 같다. 긍휼하고 은혜로우신 하나님의 계약은 절대로 파괴되지 않는다. 인간(이스라엘) 편에서 파괴할지언정, 하나님은 절대로 파괴하지 않으신다. 징계하실지언정 약속과 계약은 파괴하시지 않는다. 만일 파괴하신다면 창세기 3:15의 원복음의 "여자의 후손"은 어찌 될 것이며, 아브라함에게 하신 언약과 체결하신 계약은 어찌 되겠는가? **하나님의 약속과 계약은 절대로 파기될 수 없다**.

1) 겔 20:5, 이스라엘 초기사의 요약: 선택사상을 신학적으로 말한 유일한 구절(참조. 신 4:20, 시 135:4, 암 3:2, 렘 1:5).

제9장

다니엘이 본 환상: 인자(Son of Man)

단 7:13-14, "내가 또 밤 환상 중에 보니 인자(Son of man) 같은 이가 하늘 구름을 타고 와서 옛적부터 항상 계신 이에게 나아가 그 앞으로 인도되매 그에게 권세와 영광과 나라를 주고 모든 백성과 나라들과 다른 언어를 말하는 모든 자들이 그를 섬기게 하였으니 그의 권세는 소멸되지 아니하는 영원한 권세요 그의 나라는 멸망하지 아니할 것이니라"

구약성경에는 직접적인 부활의 카테고리는 없다. 대신 다니엘은 인자(메시야이신 그리스도)가 **하나님의 나라**(Kingdom of God)**의 영광의 보좌에 등극**(Enthronement)하시어 영원히 통치하신다는 메시지를 전한다. 다니엘서는 계약이나 하나님과 이스라엘 백성 사이의 계약을 직접 다루지는 않지만, 하나님의 **'구속사의 완성을 조망'**[1)]하고 있는 점에서 다니엘의 인자와 인자의 등극을 중요하게 평가해야 한다.

1) 신구약 중간사
페르시아→그리스 문명→헬라제국(마케도니아)→프톨레미 왕조→셀루커스 왕조→발흥하는 로마→마카비 독립혁명과 하스몬 왕조→로마의 통치로 이어지는 중간사 400년은 이전의 구약역사와 마찬가지로 창 3:15의 성취, 곧 메시야이신 하나님의 아들 예수 그리스도께서 오시기를 기다리는 역사, 혹은 준비 기간이라 할 수 있다.

제10장

예수님의 계약: 계약의 완성

구약의 역사는(약 400년에 이르는 중간사까지 포함하여) 창세기 3장 15절에서 약속하신 여자의 후손이 오시기를 준비하는 역사 혹은 기다리는 역사라고 말해도 좋을 것이다.

때가 차매 선지자들을 통해 약속하신 메시야가 오셨다(갈 4:4). 예레미야의 계약은 예수님께서 세우신 계약의 예표이자 예언이며, 예수님은 예레미야를 통해 세우신 새 계약을 성취하셨다. 그리고 예수는 하나님의 복음(롬 1:2)이시다.

복음의 원형(Proto-Gospel)인 고린도전서 15장 3절은 그리스도이신 예수가 우리를 위하여(υπερ: 대신하여, 대표하여) 죽으시고 성경대로 삼일 만에 살아나신 것을 전한다.[1] 만일 예수의 십자가의 죽음과 부활을 믿으면 그 믿음으로 말미암아 의롭다함(Justification)을 받는다. 그리고 입으로 시인하여

1) 성경이 기록되기 전 약 30년 동안 입으로만 전한 복음.

구원을 받는다(롬 10:9-10). 궁극적으로 구원은 하나님의 선물이다(엡 2:8-9[2]).

> 엡 2:8-9, "너희는 그 은혜에 의하여(by) 믿음으로 말미암아(through) 구원을 받았으니 이것은 너희에게서 난 것이 아니요(not by your own doing) 하나님의 선물(gift)이라 행위에서 난 것이 아니니 이는 누구든지 자랑하지 못하게 함이라"

예수의 십자가 사건은 ***'나 밖에서'****(extra nobis)* 일어난 사건이지만, 하나님께서 ***'나를 위하여'****(pro nobis)* 일으키신 사건이므로 나(우리)와 절대적인 관련을 갖는다.

예수님은 최후만찬을 **'계약적인 언어'**로 설명하고 계신다(눅 22:20). 그리고 바울은 만찬을 **'계약축제'**로 말한다(고전 11:25).[3]

---

2) 개신교의 신앙원리(the principle of protestantism)

1) 형식 원리(formal principle): 성경만이 구원에 관한 한 바르고 적합한 지식을 준다.

2) 실질 원리(material principle): 성경을 해석하는 원리. 오로지 믿음만으로 의롭다함을 받는다. 오직 성경만으로(sola scriptura), 오직 그리스도만으로(soli Chistus), 오직 믿음만으로(sola fidei), 오직 하나님께 영광을(soli Deo Gloria). 이를 벗어나면 이는 이단이다.

3) 성찬의 성경적 근거

1) 떡을 뗌(breaking of bread. 행 2:42, 46): 그리스도의 임재와 기쁨의 부활

눅 22:20, “저녁 먹은 후에 잔도 그와 같이 하여 이르시되 이 잔은 내 피로 세우는 새 언약(계약)이니 곧 너희를 위하여 붓는 것이라”

고전 11:25, “식후에 또한 그와 같이 잔을 가지시고 이르시되 이 잔은 내 피로 세운 새 언약(계약)이니 이것을 행하여 마실 때마다 나를 기념하라 하셨으니”

예수님께서 완성하신 새 계약은 **“더 좋은 언약 혹은 계약”**이다. 그리고 예수 안에 있는 자들(신약의 백성)은 “언약(계

---

2) 주의 만찬(Lord's Supper. 고전 11:20): 그리스도의 죽음 기억

3) 교제(Communion. '참여' Participation): 그리스도와 형제자매의 신비한 연합

4) 성찬(Eucharist. '감사' thanksgiving. 고전 14:16): 찬양과 감사의 제물

과거 **지금 여기**

파스칼 신비의 힘 → **성례전적 의례** → 예수 그리스도와의 만남

(수난/죽음/부활)

*성찬기도의 요소들

① 대화(dialogue). ② 창조에 대한 감사(thanksgiving for creation). ③ 구속에 대한 감사(thanksgiving for redemption). ④ 성찬 제도에 대한 감사(thanksgiving for Eucharist). ⑤ 예수 그리스도의 죽음과 부활에 대한 기억(Anamnesis). ⑥ 임재 기원(Epiclesis): ***마라나타***(***Maranatha***, 고전 16:22)-마라나타 기도가 사용된 컨텍스트는 예배(Worship)이며, 또한 종말에 오실 예수의 오심(second coming of Christ)을 기원하는 종말 기도(eschatological prayer)로 초대교회는 사용했다(계 22:20).

약)의 자손"이다(행 3:25).

> 히 8:6, "그러나 이제 그는 더 아름다운 직분을 얻으셨으니 그는 더 좋은 약속으로 세우신 더 좋은 언약(계약)의 중보자시라"

새 언약(계약)의 핵심은 예수 그리스도로 말미암아 창조되는 **'하나님의 백성'**(People of God)이다. 에덴에서 첫 아담이 범죄하자 하나님은 아담과 하와를 에덴에서 추방하시고 생명나무로 가는 길을 화염검으로 지키셔서 그들이 그 생명나무로 가지 못하게 하셨다. 그러나 둘째 아담이신 예수는 그분의 계약 안으로 들어오는 모든 자에게 생명나무의 열매를 허락하신다. 그래서 누구든지 생명나무의 열매를 먹어 영생할 수 있다. 예수는 그 일을 위하여 지금도 하나님 우편에서 계약 안에 있는 자들을 위해 **'중보기도'**(Intercession Prayer)하고 계신다.

> 히 7:25, "그러므로 자기를 힘입어 하나님께 나아가는 자들을 온전히 구원하실 수 있으니 이는 그가 항상 살아계셔서 그들을 위하여 간구하심이라"

새 계약 안에 있는 자들은 칭의의 은총(Grace of Justification)과 더불어 **'보전의 은총'**(Grace of Preservation)을 입는다.

인자(**son of man**, 단 7:13-14)

다니엘이 환상에서 본 "옛적부터 계신 이" 구름을 타고 와서 보좌에 등극하는 "인자"(a son of man)는 메시야 예수에 대한 예언이었다. 복음서에서 예수는 자신을 인자로 칭하시는, 즉 다니엘이 본 바 "내가 바로 **그** 인자(*The* Son of man)다"라고 말씀하시는 것이다.[4)]

---

4) 인간의 지혜 vs 하나님의 지혜:
당시 종교지도자들을 위시한 백성이 신명기 21장 22-23절("사람이 만일 죽을 죄를 범하므로 네가 그를 죽여 나무 위에 달거든 그 시체를 나무 위에 밤새도록 두지 말고 그날에 장사하여 네 하나님 여호와께서 네게 기업으로 주시는 땅을 더럽히지 말라 나무에 달린 자는 하나님께 저주를 받았음이니라")을 인용하여 예수를 나무에 달았다. 그러면 예수는 자신을 하나님으로 주장하는 신성 모독자가 되어 저주받아 십자가에 못 박히게 된다. 그러면 예수 운동은 끝장나고 만다. 그러나 지혜로우신 하나님은 십자가에서 우리 대신 저주받으신 예수 때문에 우리가 살길을 얻었다고 말한다(갈 3:13).

*간접기독론(예수의 말버릇)
1) 아멘의 사용: 예수님은 특히 사복음서에서 중요한 진리를 말씀하실 때 "진실로 진실로 네게 이르노니"라고 하시는데, 원어상 "아멘 아멘"이다. 이는 내가 곧 "아멘의 하나님"이라는 주장이다.

예수의 언약의 피(새 계약)로 새롭게 창조(선택)된 신약의 새 백성은 이제 마음에 성령을 모시고(몸은 성령의 전) 성령의 인도를 받으며 살아간다. 하나님의 영광의 임재인 세키나(Sekinah)는 이제 신자에게 함께하시며, 종말론적으로 새 하늘과 새 땅, 새 예루살렘에서 성취된다.

> 계 21:3, "보라 하나님의 장막이 사람들과 함께 있으매 하나님이 그들과 함께 계시리니(히브리어 사칸 Sakan-세키나 Sekinah) 그들은 하나님의 백성이 되고 하나님은 친히 그들과 함께 계셔서(그들의 하나님이 되시고: 시내산 계약의 형식)"

---

2) 죄 사하는 권세: 하나님 외에는 아무도 인간의 죄를 사할 수 없는바, 죄 사하는 권세의 주장은 곧 "내가 하나님"이라는 간접적인 주장이다.
3) 성전에 대한 태도: "이 성전을 헐라 내가 삼일만에 일으키리라"는 주장은 성전보다 높다는 간접적인 주장이다.
4) 안식일의 주인: 안식일에 병을 치유하는 것은 죄로 말미암아 상실된 안식을 재창조하러 오신 것이다.
5) 모세의 권위를 능가하는 권위: 유대인들에게는 모세의 권위가 최상이다. 그러나 예수님은 "모세는 이렇게 말했지만 나는 이렇게 말한다"라고 하시면서 자신의 권위가 모세의 권위보다 높음을 주장하셨다.

부활은 예수의 주장이 옳았음을 인정해 주시는 하나님의 인정(vindication)하심이다(롬 1:4, "부활하사 능력으로 하나님의 아들로 인정되셨으니": 현재 성경은 "선포"로 번역했지만 "인정"이 원뜻에 더 가깝다).

제11장

남은 자(the Remnant)와 하나님의 선택

구약의 계약종교의 핵심은 여호와께서 이스라엘을 자기 백성으로 선택하셨다는 것임을 아무리 강조해도 지나치지 않다. 남은 자 주제는 특히 **이사야의 종말론에서 핵심적인 요소**로 나타난다. 이사야는 남은 자 사상을 그의 사역의 시작부터 사용하고 있다. 그리고 이 주제는 야훼 하나님의 거룩하심과 관련된다.

하젤(Hasel)은 남은 자 사상이 심판과 구원에 관한 이사야의 선포에서 애초부터 주도적인 요소로 작용함을 강조하는데, 남은 자는 사아르(שאר), 파라트(פרת), 사라드(שרד), 야타르(יתר)다.[1)]

1) 성경에서는 이 네 개의 단어가 분사 또는 본동사의 형태로 사용되든지 혹은 파생어의 형태나 명사로 각각 사용되고 있다.

1. 선택 용어

(1) 사아르(שאר)

이는 구약성경에서 총 230회 사용되고 있는바, 선택과 정화의 과정에서 하나님께 충성된 백성으로 보호를 받아서 살아남은 무리를 묘사한다(참조. 창 45:7, 왕상 19:18, 왕하 17:18, 렘 23:3, 사 10:22, 미 4:7).

(2) 파라트(פרת)

이는 구약성경에서 80회 사용되고 있는바, 전쟁에서 피하여 살아남은 자들에게 사용되고 있다(왕하 19:30, 31, 대하 30:6, 겔 6:8). 이의 파생어는 '나머지', 혹은 '찌꺼기'라는 의미와 함께 '탈출' 혹은 '구원'의 의미를 갖는다.

(3) 사라드(שרד)

이는 구약성경에서 총 29회 사용되는바, '탈출하다'(escape), '도망하다'(free) 등의 의미로 사용된다.

(4) 야타르(יתר)

이는 구약성경에서 248회 사용되고 있는바, '쓰고 남은 제물의 분량'을 나타내는 의미로 사용된다. 이는 히필(Hiphil)형으로 '어떤 사람이 무엇으로 풍부하게 하다', '남기다'(to leave), '남겨지다'(to left remain), '이윤을 만들다'(to make profit) 등의 의미를 가지며, Niphil형으로 '남겨지다'(to be left), '나머지 가운데 최상이 되다'(to be superior), 즉 '승리를 얻다'는 의미를 지니며, 여성 분사형으로 '잔류자' '남은 자'의 의미를 나타낸다. 잔류자는 하나님께 신실한 자들(faithful to God, 왕상 19:10, 14), 혹은 재생과 풍부한 삶을 위한 요소가 들어있는 새로운 전체로 구성되어 있다.

신학적인 개념으로서의 남은 자 사상은 심판과 구원의 문맥에 속한다는 의미에서 이중적인데, 사 1:8, 9, 4:2이하, 7:3, 10:20이하, 11:11이하, 37:32(왕하 19:31), 46:3, 렘 23:3, 31:7, 욜 2:32, 미 4:7, 5:6, 7, 습 2:9, 3:12, 옵 1:17, 슥 14:16에서 극히 선명하게 드러난다.

구약의 선지자들 가운데 남은 자 사상에 가장 크게 공

헌한 선지자는 이사야다. 남은 자는 오로지 하나님의 은총과 자비에 근거한다. 특히 이사야 1:26에서 남은 자는 정련된 불로써 정결하고 거룩하게 된 공동체의 성격을 띤다. 이 공동체는 "의"와 "믿음"을 가진 **신실한 남은 자 공동체**(the faithful remnant community)이자 **종말론적인 남은 자**(the eschatological remnant)다. 이사야 37:31-32에서는 "거룩한 씨"로 나타나는데, 하나님의 심판의 불로써 연단을 받아 새롭게 함을 입은 자들이다. 하나님의 선택을 받는 남은 자는 결국 이스라엘의 **회복**(restoration)을 의미하며, 이는 **시온 공동체**(Zion Community)이다. 그리고 **이스라엘의 회복은 아브라함과 맺은 은혜계약에 근거**한다. 하나님의 계약은 파기될 수 없다!

아모스에서는 남은 자와 관련된 말들이 540여 회나 등장하는데, 특히 "요셉의 남은 자"(5:5)는 하나님이 보존하시는 알갱이(9:9)다.

미가서에는 "심판과 소망"이라는 패러다임이 일정한 패턴을 이루어 반복적으로 등장하는데, 이 패턴은 남은 자 모티프를 포함하고 있다. 남은 자 모티프는 미가서의 중요한 축을 이룰 뿐만 아니라 다른 모티프들과 더불어 발전되고 있다. 특히 미가 6-7장은 미가서 전체의 결론으로서 긍휼과 계약에 신실하신 하나님에 의해 죄를 용서받은 남은 자를 다루고 있다(참조. 2:12-13, 4:6-8, 5:7-9, 7:18-20). 여기서 중요한 테마는 **"회복하시는 하나님"**(the God of restoration)이다. 하나님은 **"계약에 신실하신 하나님"**(the faithful God to the covenant)이다.

실상 남은 자는 사랑과 계약의 하나님을 드러낸다.

스가랴서에서 남은 자를 중요하게 취급하는 자는 콘라드(E. W. Conrad)와 보다(Mark J. Boda)다. 콘라드는 스가랴 14:2의 공동체를 남은 자로 본다. 그는 포로기 이후에 귀환한 공동체를 남은 자로 규정하고 있는 것이다.

학개 1:14, 2:2-3에서도 남은 자가 언급되고 있다. 여기서 "남은 백성"은 바벨론 포로생활을 마치고 고국으로 귀환한 자들이다. 이들은 야훼 하나님에 대한 신실한 믿음을 지닌 **'역사적인 남은 자'**(the historical remnant)이자 **'신실한 남은 자'**(the faithful remnant)이다.

말라기에는 남은 자라는 구체적인 언급이 없지만 그 개념을 포함하고 있다. 3:1부터 끝까지 남은 자 시대의 의미가 강조되어 있다.

계약의 창시자이신 신실하신 하나님은 창세기 3장 15절의 언약(promise)과 아브라함의 은혜계약에 근거하여 이스라엘의 반역과 배신을 능가하여 이 남은 자들을 통하여 구속사를 이어 가신다. 하나님의 계약은 파괴될 수 없다!

결론

성경에서 모든 계약의 기초는 아브라함의 은혜계약이다. 물론 그 이전에 창세기 3장 15절에서 구원에 관한 최초의 언약 혹은 약속(promise, Proto-Evangel)을 주셨지만 말이다. 인간의 역사 혹은 구속사는 철저히 하나님을 배신하고 계약을 깨뜨리는 불순종의 역사이지만, 신실하신 하나님은 아브라함에게 주신 은혜계약을 취소하거나 깨뜨리시지 않는다. **하나님의 계약은 파기될 수 없다!**

하나님의 구속(救贖)의 은혜와 사랑은 인간(택한 백성)의 배신과 반역을 초월한다. 하나님의 사랑은 **'무조건적인 사랑'**(transpersonal or unconditional love)이다. 이는 이미 음녀 고멜을 찾아와서 사랑하며 사는 **고뇌하는 사랑의 남편 호세아**를 통해서도 예시된 바 있다. 셈의 장막에 거하시겠다고(사칸, Sakan)[1] 약속하신 하나님은 구속사의 종말, 즉 새 예루살렘에서 구속받은 새 계약 백성과 함께하심으로써 구속을

1) '사칸'의 명사형은 하나님의 영광의 임재를 의미하는 세키나(Sekinah)이다.

완성하신다.

예수는 십자가 위에서 하나님의 구속 계획과 그에 따른 언약과 계약을 단번에(once for all) **완성하셨다! 오늘 교회는 하나님의 선택 안에 있는 새 계약 백성이다.**

부록:

1. 바울의 전도여행과 성경 집필

제1차 전도여행(행 13:4~14:28): AD 44-50

2년 4개월. 선교 전략적으로 유대인 밀집 지역부터 전도 시작

• **안디옥 교회**(바울, 바나바, 마가 요한) → **실루기아** → **구브로**(살라미, 바보: 거짓 선지자 바예수의 실명, 총독 서기오)→ **버가**: 요한의 귀환 → **비시디아 안디옥**: 바울의 설교/유대인의 핍박 → **이고니온**: 유대인의 이방인 선동 → **루스드라**: 디모데의 회심. 앉은뱅이 치유/ 바나바를 제우스 신으로, 바울을 헤르메스 신으로 숭배/ 바울을 돌로 친 후 죽은 줄 알고 성 밖에 내침 → **더베** → **루스드라** → **이고니온** → **비시디아 안디옥** → **비시디아** → **밤빌리아** → **버가** → **앗달리아** → • **안디옥**

제2차 전도여행(행 15:36~18:23)**: 예루살렘 공회 직후. AD 48-54**

바울이 바나바에게 제1차 전도여행 때 세운 교회 방문을 제의. 마가 요한의 문제로 대립하다가 바나바와 마가는 구브로로 가고, 바울은 실라(실루아노)를 대동하여 2차 전도여행을 시작함.

• **안디옥** → **수리아** → **길리기아 지방** → **더베** → **루스드라**[디모데 합류] → **브루기아/갈라디아 지방** → **무시아** → **드로아**[①성령의 계시: "아시아에서 복음을 전하지 말라" ②마케도니아 사람의 환상] → **마케도니아/네압볼리** → **빌립보**[자주 장사 루디아 협력/점치는 여종과 귀신 축출, 옥중 찬미, 빌립보 교회의 선교비 지원] → **데살로니가**[유대인 폭동] → **베뢰아**[신사적. 날마다 성경 상고. 실라와 디모데를 남겨 주고 배를 타고 아가야 지방 아테네로] → **아테네**[아레오바고 설교: ①스토아 학파(금욕주의), ②에피큐러스 학파(쾌락주의) "주 예수만 자랑하리라"] → **고린도**[클라디우스 황제 칙령으로 로마에서 추방된 브리스길라, 아굴라 부부 만남. 실라와 디모데 합류와 마케도니아 교회에 대해 보고 받음. **①데살로니가전서 기록**: 종말론 시정, **②데살로니**

가후서 기록, **③갈라디아서 기록**: 갈라디아 교회는 바울이 세운 교회가 아님. 율법주의/ 천사숭배 등 이단 비판, 시정/믿음으로 말미암는 칭의 강조/브리스길라, 아굴라 동행] → **수리아/에베소**: 브리스길라와 아굴라 체류 → **가이사랴** → **• 안디옥**

제3차 전도 여행(행 18:23~21:27). **AD 53-54년 봄 출발.**

에베소 전도 중요하게 취급

• 안디옥 → **갈라디아/브루기아 지방** → **에베소**["너희가 믿을 때에 성령을 받았느냐?" 3년 체류/두란노 서원에서 2년 강론. 브리스길라, 아굴라의 협력 사역. 디모데, 에라스도 동역-두 사람을 마케도니아로 보낸 후 위기: 더메드리오 난동. 바울과 동행하는 가이오, 아리스다고 체포. 스게와의 7아들 사건/마술책 5만권 소각. **④고린도전서 기록**: 디모데를 육로로 고린도에 파송 후/은사. 분열/거룩한 삶을 강조]→빌립보[드로아에서 디도 만나 고린도교회 소식 듣기를 희망/드로아에서 재회 못하고 빌립보에서 재회. **⑤고린도후서 기록 발송**: AD 57/디도 편으로] → **데살로니가** → **베뢰아** → **고린도**[3개월 체류 **⑥로마서 기록**: 스페인을

복음화 전진 기지 의도. 대사적 편지] → **베뢰아** → **데살로니가** → **빌립보** → **드로아**[유두고 추락] → **아소** → **미들레네** → **밀레도**[에베소교회 장로 초청과 눈물의 이별/바울의 소명관: 행 20:22-24] → **로데** → **두로** → **프톨레미** → **가이사랴**[전도자 빌립 집에 머묾] → • **예루살렘**[선지자 아가보의 예언. 바울의 사생관: "죽을 각오"]

제4차 전도여행(행 21:18~28:11)

• **예루살렘에서 체포당함** → **가이사랴**[2년 옥고. 벨릭스: 돈을 바람. 베스도: "네 많은 학문이 너를 미치게 만들었다"] → **시돈** → **무라** → **그레데 해안** → **미항**: "출발하지 않음이 좋겠다" → **유라굴로 광풍** → **멜리데 섬**[추장 보블리오 부인의 이질, 열병 치유] → **시실리 수라구사** → **이탈리아 레기온** → **보디올** → **로마**[2년간. 1차투옥 **⑦빌레몬서 기록 ⑧골로새서 기록 ⑨에베소서 기록 ⑩빌립보서 기록**] → **석방과 전도여행** → **빌립보**(2:19, 24)[**⑪디모데전서 기록 ⑫디도서 기록**: 이단, 부도덕] → **골로새**(4:9, 몬22) → **그레데**(딛 1:5) → **아가야 서해안**: 니고볼리에서 한 겨울 보냄(딛 3:12) → **소아시아에서 체포당함**(딤후 4:2) → • **로마: 2차 투**

옥[⑬**디모데후서 기록**. AD 67-68 순교: 로마에서 4.8km 떨어진 오스티안웨이(Austianway)에서 참수형]

2. 빌립보서의 소시에타스 크리스티(Sociatas Christi):

당시 로마사회에는 **'소시에타스**(Societas)'라는 **'이익 집단**(geselshaft)'이 존재했다. 이 집단의 유지와 존속은 회원 간의 한 마음이었다. 서로 간에 마음이 화합하지 않으면 이 집단은 깨어졌다. 사도 바울은 사회의 이익 집단도 한 마음으로 뭉치는데, 교회는 더더욱 한 마음으로 연합되어야 하지 않겠는가? 하고 물음을 던지고 있다. 바울의 논점은 교회는 '**소시에타스 크리스티**(Societas Christi)', 즉 그리스도의 소시에타스라는 것이다. 모두가 그리스도의 **'케노시스**(Kenosis: 자기 비움)'처럼 자기를 비워야 한다는 것이다. 바울은 초대교회가 지니 그리스도 찬송시에 자신의 **'십자가 신학'**을 첨가하여 현재의 **그리스도 찬송시**를 완성하였다(빌 2:5-11).

3. 히브리서(4복음서를 재해석하고 확대한 복음)

내 개인적으로 히브리서가 딱딱하고 어려웠다. 그래서 작정하고 산속의 모기도원에 들어가서 3일간 금식기도하면서 성령께서 히브리서를 가르쳐주시기를 기도했다. 그런데 놀랍게도 히브리서를 열어주셨다. 히브리서는 4복음서를 재해석하고 확대한 복음서인 것과 **'그러므로'**를 디딤돌로 삼은 계단식 프레임으로 짜여있는 것을 가르쳐 주셨다. 그래서 지금은 히브리서를 사랑하게 되었다. 히브리서는 **'확대된 고등 기독론**(Extended High Christology)'이다. 하등 기독론은 예수 그리스도의 지상 사역에서 시작하여 그분이 하나님의 아들(하나님의 본체)이라는 결론에 도달하지만, 고등 기독론은 시작부터 예수는 하나님의 아들(하나님과 본체)이라는 것으로 시작한다.

논점

1. Who is Jesus Christ?(그리스도는 누구인가?)
2. What Jesus Christ did?(그리스도는 무엇을 하셨는가?)
3. What Jesus Christ is going to do?(그리스도는 무엇을 행하실 것인가?)

구조: 계단식: 교리→실천→교리→실천…….(교리와 실천을 연결하는 계단: 그러므로)

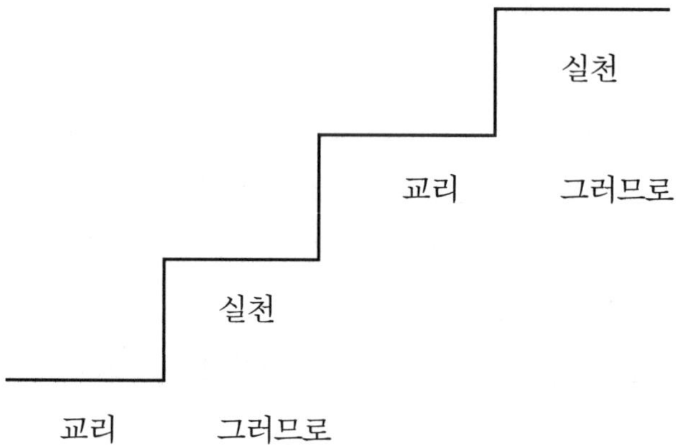

***위와 같이 히브리서 마지막 장까지 계속 계단식으로 상승한다.**

서론(역사 안에 계시된 하나님의 말씀인 그리스도)

→ **교리**(1:1-14): 하나님의 형상인 그리스도(천사보다 위대하심: 리쿡스벨리의 히브리 공동체의 천사숭배 시정)

→ **실천**(2:1-4)

그러므로

삼가라(be heedful)

→ **교리**(2:5-16): **고난으로 영광과 존귀의 관을 쓰신 예수 그리스도**/ 시험받는 자들을 도우심

→ **실천**(2:17-18)

그러므로

시험받을 때 도움을 얻으라!

→ **교리**(3:1-6): **아들로서 충성하신 예수**[모세보다 위대하심 *율법으로의 회귀시정]

→ **실천**(3:7-4)

그러므로

① 마음을 완고하게 하지 말라

② 두려워하라(경외)

③ 안식에 들어가기를 힘쓰라

변증법적 안식(dialogical rest): "오늘" 말씀 순종할 때 얻는 안식

→ **교리**(4:14-15): **대제사장 예수**(Great High Priest). 시험을 받았지만 죄가 없으시다

→ **실천**(4:16)

그러므로

은혜의 보좌에 담대히 나아가라!

→ **교리(5:1-14)**: **대제사장 예수**, 고난에 순종하여 온전하게 되신 예수

→ **실천(6:1-8)**

그러므로

완전한 데 나아가라

→ **교리(6:9-7:24)**: 휘장 안에 먼저 들어가신 예수(**프로드로모스: 순례 인도자**(leader of pilgrim)

→ **실천(7:25)**

그러므로

예수 그리스도를 힘입어 하나님께 나아가라

*예수 그리스도의 중보기도(Intercession Prayer of Jesus Christ)

→ **교리(7:26-9:22)**: 하늘 위엄의 보좌에 앉은 예수 그리스도/피(영원한 속죄)

→ **실천(10:19-39)**

그러므로

참마음과 온전한 믿음으로 하나님께 나아가자!

① 모이기를 힘쓰라

② 담대하라

③ 믿음으로 살라

→ **교리(11장)**: 무엇이 믿음인가?(What is faith?)

→ **실천(12:1-17)**

그러므로

① 믿음의 주를 바라보라

② 피곤한 손과 연약한 무릎을 일으켜 세우라

③ 화평함과 거룩함을 따르라

④ 두려워하라

⑤ 망령되지 말라

⑥ 말씀하신 자를 거역하지 말라

→ **교리(12:18-27)**: **하늘 예루살렘**의 **새 언약**의 중보자 예수 그리스도

→ **실천(12:28-13:11)**

그러므로

① 경건과 경외로 하나님을 기쁘시게 섬기라

② 형제를 사랑하라(love)

③ 손님을 대접하라(hospitality)

④ 학대받는 자를 생각하라(compassion)

⑤ 혼인을 귀히 여기라(chastity)

⑥ 돈을 사랑하지 말라(idol)

⑦ 말씀을 가르치는 자의 믿음을 본받으라

⑧ 다른 교훈에 이끌리지 말라

→ **교리**(13:12): 성문 밖에서 고난당한 예수 그리스도

→ **실천**(13:13-19)

그러므로

① 치욕을 짊어지고 영문 밖으로 그에게 나아가자

② 예수로 말미암아 찬송의 제사를 드리자

③ 선을 행하고 나눠주기를 힘쓰라

④ 인도자들에게 복종하라

⑤ 우리를 위하여 기도하라

→ **결론**(Epilogue): 그리스도인의 성숙(Christian Maturity)

4. 프리셉트 성경연구 실례

프리셉트(Precept) 성경연구는 한 특정한 성경을 연구, 이해하는 데 큰 도움을 준다. 그래서 실례를 든 것이다.

- 예레미야서는 "슬프다"와 "계약파괴"와 그에 따른 "저주"가 프리셉트다.

• 고린도전후서의 프리셉트는 **"자랑"**이다.

• 베드로전후서의 프리셉트는 **"너희가"**와 **"저희가"**(그들이)이다. 너희는 믿음, 소망, 사랑의 종말론적 그리스도인들로서 믿음의 열매를 맺는다. 반대로 "저희"(그들)는 믿는 자들을 박해하고 시험하고 증오하는 불신앙과 불순종의 사람들로서 소망 없이 두려움에 사로잡혀 있고, 불경과 극한 방탕에 달음질하는 멸망할 악행자들이다.

바울은 그의 서신에서 **논리적 의사소통**(logical communication)과 **정서적 커뮤니케이션**(emotional communication, 예를 들어 자주 "형제들아!")을 사용함으로써 독자(청중)들을 자신의 서신 속으로 들어오게 한다.

5. 에스겔서의 메르카바(신의 전차, Merkabah)

고대 근동에서는 나라와 민족 간의 전쟁은 그들이 믿는 신들의 전쟁으로 받아들여졌다. 바벨론으로 포로로 끌려간 이스라엘 백성은 그것을 그들의 불신앙과 배역(계약파괴)의 결과보다는 바벨론의 마르둑 신에게 야훼가 패한 결과로 생각했다. 그도 그럴 것이, 바벨론 포로로 잡혀간 그들의 눈에는 바벨론의 상황-발전된 도시들과 전쟁 무기인 전차 등-이 예사롭지 않았기 때문이다. 야훼보다 마르둑이 더 위대해 보였다. 이때 에스겔은 신의 전차 메르카바를 보여주면서(특히 1장) 하나님의 힘이 더 크다는 사실과 미래의 희망을 고취한다.

기독교 역사에서 이 메르카바 전승은 기독 신비론자들의 주 메뉴가 되었다. 기도, 금식, 찬양을 통해 9개의 궁방(헤칼로트)을 지나서 위로 상승하여 이 메르카바(신의 전차 혹은 하나님의 보좌)에 도달하고자 했다. 그 도달 목표는 하나님과의 합일이었다. 그러나 성 어거스틴은 "내면으로 향하는 것이 위로 상승하는 것이다"라고 말했다. 내면으로 향하는 길은 나의 확신으로는 관상기도(contemprative prayer)이다. 그리고 그 목표는 관상적인 사랑(contemprative love), 곧 하나님을 사랑하고 이웃을 사랑하는 것이다.

참고도서

원서

1. Antti Laato. *The Origin of Israelite Zion Theology*. London: t&t clark, 2018.
2. Gerald Emem Umoren. *The Salvation of the Remnant in Isaiah*. Dissertation. com. 2005.
3. Phillip Sharp. *The Principle of Protestantism*. Michigan: W. B. Eerdmans, 1916.
4. Seock-Tae Sohn. *The Divine Election of Israel*. Grand Rapids, Michigan: William B. Eerdmans Publishing House, 1991.

한서

1. 성경(NRSV)
2. 길근수. 『남은 자와 여호와의 날과의 관계 연구』 총신대학. 1997.
3. 송우진. 『이사야서에 나타난 남은 자 연구』 서울신학대학교. 2002.
4. 홍종준. 『미가서에 나타난 남은 자 모티프 연구』 총신대학. 1999.

성경의 핵심을 파악하라

발행일 2025년 11월 20일 초판 1쇄 발행

지 은 이 이기승
발 행 처 선교횃불
등 록 일 1999년 9월 21일 제54호
등록주소 서울시 송파구 백제고분로27길12 (삼전동)
전　　화 (02)2203-2739
팩　　스 (02)2203-2738
이 메 일 ccm2you@gmail.com
홈페이지 www.ccm2u.com